Quand la peur gouverne tout

Carine Azzopardi

Quand la peur gouverne tout

PLON
www.plon.fr

© Éditions Plon, un département de Place des Éditeurs, 2023
92, avenue de France
75013 Paris
www.plon.fr - www.lisez.com

Mise en pages : Graphic Hainaut
Dépôt légal : septembre 2023
ISBN : 978-2-259-31715-3

Le Code de la propriété intellectuelle interdit les copies ou reproductions destinées à une utilisation collective. Toute représentation ou reproduction intégrale ou partielle faite par quelque procédé que ce soit, sans le consentement de l'auteur ou de ses ayants cause, est illicite et constitue une contrefaçon sanctionnée par les articles L. 335-2 et suivants du Code de la propriété intellectuelle.

Pour Salomé, nommée d'après l'hébreu shalom *et l'arabe* salam : *la « paix ».*
Pour Séraphine, mon ange ardent.

La liberté d'expression d'abord

Le wokisme n'existe pas, rassurons-nous. C'est une simple panique morale de l'extrême droite qui réagit face à l'avancée des idées progressistes. Une extrême droite composée, pour le dire rapidement, de bourgeois et de fascistes qui prennent peur car les forces de progrès donnent des coups de boutoir à leur société raciste, misogyne, antiécologique et coloniale. «Cette société patriarcale, on n'en veut plus!» Les anathèmes lancés contre le wokisme ne seraient que l'ultime râle d'une société vivant ses derniers soubresauts...

Après tout, pourquoi pas? Désormais, il importe de raisonner autrement qu'avec de vieux récits, de s'éveiller à la conscience de l'autre, de ne pas parler à sa place, de ne pas heurter sa sensibilité, de respecter son altérité, parfois de s'excuser de... La liste est longue. Tout irait-il pour le mieux dans le meilleur des mondes possibles, avec la progression du respect absolu de l'autre?

Oui... en apparence.

Et puis, il y a eu des actualités qui ont commencé à nous faire réfléchir. Telle traductrice d'une romancière noire finalement remerciée puisqu'une Blanche ne pouvait la traduire[1]. Tel film – *Autant en emporte le vent* – retiré d'une plateforme de streaming pour ne pas «heurter les sensibilités raciales[2]». Tel dessin sur la pédophilie – de Xavier Gorce, pour ne pas le nommer – enlevé de la une du journal *Le Monde* avec des excuses de la rédaction en chef pour l'avoir publié, et ainsi offensé un public[3]. Je n'avais d'ailleurs moi-même pas apprécié cette caricature, la trouvant choquante pour l'enfant abusée que j'ai été. Mais je faisais fausse route : «Un dessin est là pour choquer», m'avait rétorqué le dessinateur. Même si je ne trouvais pas sa caricature terrible, je dois reconnaître qu'il avait raison sur ce point. C'est en provoquant qu'on rend le débat vivant, pas en évitant le choc.

En 2022, il y eut ensuite cette polémique à Sciences Po Paris : une professeure qui avait osé prononcer les mots «homme» et «femme» se fit mettre à la porte après avoir été dénoncée par un étudiant[4]. De surcroît, elle n'avait pas voulu s'excuser. De l'autre côté de l'Atlantique, aux États-Unis comme au Canada, on ne compte plus les «démissions», par exemple celle de cette universitaire du Minnesota dont le contrat ne fut

---

1. Diane Cambon, «Après la Hollande, nouveau veto en Espagne sur un traducteur pour traduire le poème d'Amanda Gorman», *Marianne*, 12 mars 2021.
2. Faustine Chevrin, «Jugé trop raciste, HBO Max retire "Autant en emporte le vent" de sa bibliothèque» (*sic*), *Les Inrocks*, 10 juin 2020.
3. Gilles Van Kote, «Nos explications sur le départ de Xavier Gorce du "Monde"», *Le Monde*, 23 janvier 2021.
4. Céline Carez, «Après les plaintes d'étudiants, Sciences Po Paris écarte sa professeur de danse "sexiste"», *Le Parisien*, 7 décembre 2022.

La liberté d'expression d'abord

pas renouvelé. Après avoir montré un tableau du XIVe siècle représentant Mahomet en cours d'histoire de l'art, elle avait été accusée d'islamophobie par une étudiante. La polémique avait franchi l'océan pour atteindre le journal *Le Parisien* quelques mois plus tard, au début de l'année 2023. Le quotidien provoqua en effet une levée de boucliers lorsque, relatant les faits, il publia une photo de l'œuvre en floutant le Prophète, avant de la retirer pour la remplacer par une image plus neutre de l'université[1]. Il est difficile de satisfaire tout le monde... À titre personnel, je me mis à me poser des questions lorsque j'entendis, à propos de la biographie de Joséphine Baker, transformer le nom du cabaret de ses débuts, le Bal nègre en « Bal qu'on disait nègre à l'époque ». Après tout, pourquoi pas, me dis-je... Lorsque l'un de mes amis fut embarrassé d'entendre une interview de Belkacem Bahlouli, rédacteur en chef du magazine *Rolling Stone*, qui relatait le fait qu'Elvis « écoutait de la musique de Noirs et dansait dans des *ballrooms* noirs », je trouvais qu'on allait un peu loin dans les réticences... Que faut-il donc dire, ou ne pas dire, pour n'offenser personne aujourd'hui ? D'où viennent ces réactions ? Sont-elles révélatrices d'une époque, me suis-je demandé ?

J'avais bien noté, au procès des attentats du 13 novembre 2015, auquel j'assistais en tant que partie civile, que l'islamisme, lui non plus, n'existait pas vraiment. En tout cas pas dans les mots. L'emploi de ce terme a été présenté par certains intervenants, y compris

---

1. « États-Unis : la mise à l'écart d'une universitaire ayant montré des images de Mahomet fait polémique », *Le Parisien*, 9 janvier 2023.

par des victimes à mes côtés dans la salle d'audience V13, comme galvaudé par des militants d'extrême droite qui cherchent à agiter les peurs avec l'épouvantail de l'immigration et du «grand remplacement». Certains islamistes contestent aussi l'emploi de ce mot. L'expression «idéologie islamiste» serait, disent-ils, une invention occidentale pour cacher un rejet global des musulmans par pure «islamophobie». Il est vrai que ce vocable résulte bien d'une formulation occidentale de convenance. «On parlait d'"islamisme" pour désigner l'islam jusque dans les années 1970, explique le chercheur Hédi Ennaji. Est ensuite apparu le concept d'"islamisme radical" qui a fini par s'imposer tandis qu'"islam" désigne la religion musulmane[1].» Aujourd'hui en France, on parle d'«islamisme» ou d'«islam politique» pour désigner plusieurs courants fondamentalistes à l'œuvre au sein de l'islam. Et les tenants d'un islam politique entretiennent volontiers la confusion entre tous ces termes. Pour eux, il n'existe qu'une seule communauté de croyants, l'*oumma*, englobant tous les musulmans face aux mécréants. Nulle distinction entre les différents niveaux de pratique religieuse, car il n'y en a qu'une seule valable, selon eux. «Ce n'est pas un hasard non plus si le terme arabe pour désigner l'islamisme[2] est très peu usité dans les pays musulmans», explique Hédi Ennaji. «En Tunisie par exemple, les nahdhaouis (militants du parti Ennahdha) ne sont quasiment jamais qualifiés d'"islamistes" par leurs opposants,

---

1. Entretien avec le chercheur, 29 mai 2023.
2. اسلاموية, pour «islamisme».

La liberté d'expression d'abord

mais d'"ikhwans[1]", un terme qu'une partie importante de la population comprend parfaitement dans le sens de bandits politiques instrumentalisant l'islam à leurs fins. Si la confusion existe en terre d'islam, il ne faut pas s'étonner de la retrouver en Europe.» Même le Conseil de l'Europe s'y perd, en essayant de définir le terme ainsi : « L'islamisme peut être violent ou pacifique et modéré[2]. »

Nombre d'acteurs et de commentateurs, craignant les amalgames, prononcent prudemment des pléonasmes dans le discours public. Comme la cour au procès des attentats du 13 novembre 2015, je m'en souviens, qui prenait d'infinies précautions pour employer l'expression « islamisme radical ». Les termes de « radicalisation », ou de « basculement dans la radicalité », étaient plus facilement utilisés, sans doute pour ne pas choquer. Comme si employer un mot qui renvoie à un phénomène idéologique documenté par de nombreux chercheurs et journalistes pouvait exposer à la critique... Personne n'a envie d'être accusé d'islamophobie.

Le respect de l'autre dans la moindre parole prononcée part évidemment d'un bon sentiment. Respecter, cela signifie d'abord ne pas offenser. Autrement dit, en termes religieux, ne pas blasphémer : le voici, le principal point commun qui relie ce wokisme et cet islamisme qui n'existent pas, ou du moins qui n'existeraient que chez leurs adversaires qui les fantasmeraient.

---

1. *Ikhwans* : mot en arabe qui signifie « Frères » ; désignant par extension les Frères musulmans.

2. Conseil de l'Europe, « Islam, islamisme et islamophobie », résolution 1743 du 23 juin 2010.

Quand la peur gouverne tout

Par-delà cette simple correspondance de termes, une partition beaucoup plus subtile, et autrement dangereuse, est en train de se jouer dans nos sociétés démocratiques, dont ces deux mouvements de pensée cherchent à saper les fondements, chacun pour des raisons qui lui sont propres, chacun se servant de l'autre pour avancer ses pions selon son agenda respectif.

Derrière des anecdotes qui prêtent à sourire, du moins à première vue, une lame de fond arrive, et une lame, ça lamine. La liberté d'expression d'abord, et puis, la liberté tout court. Ces étranges courants de pensée venus d'Amérique du Nord vers l'Europe éclatent dans le débat public comme des bulles de savon les unes après les autres[1]. De prime abord, bien malin celui qui saura les relier entre elles. « C'est un phénomène isolé », nous dira-t-on à chaque événement. Et surtout, en apparence, cela semble absurde. Mais il existe bien une cohérence d'ensemble, pas forcément visible au premier coup d'œil. Comme un orchestre qui joue une musique de fond, dont il faut décrypter la partition. Pour peu qu'on tende bien l'oreille, on s'apercevra que les mêmes thèmes reviennent très souvent, à commencer par celui de la censure qu'on croyait avoir laissée derrière nous avec les années 1950 et le maccarthysme.

---

1. J'emprunte l'expression à Olivier Moos, chercheur à l'institut Religioscope de Fribourg, en Suisse.

1

Une même volonté de censure

> *Pourvu que je ne parle ni de l'autorité,*
> *ni de la politique, ni de la morale, ni des gens en place,*
> *ni de l'opéra, ni des autres spectacles,*
> *je puis tout imprimer librement, sous la direction,*
> *néanmoins, de deux ou trois censeurs*[1].

Peut-on encore prononcer le mot « woke[2] » ?

En faisant une recherche rapide sur la source de référence des journalistes en France, l'Agence France-Presse, je me suis rendu compte que le terme y était utilisé depuis très peu de temps. On n'en trouve pas de trace avant 2022. Les définitions données varient, signe que mes confrères marchent sur des œufs en tentant d'être aussi neutres que possible, ce qui n'est pas toujours simple.

---
1. Beaumarchais, *Le Mariage de Figaro* (1778).
2. *Woke* : mot anglais qui signifie « éveillé » ; par extension, le fait d'être éveillé à toute forme de discrimination.

Le 6 septembre 2022, l'AFP mentionne pour la première fois l'«idéologie woke», qui «dénonce les injustices sociales mais dont les supposés excès sont devenus la bête noire des conservateurs du monde entier». Le 11 octobre 2022, Anne-Pernelle Richardot, une élue socialiste, prend moins de gants. Elle dénonce dans le journal *Dernières Nouvelles d'Alsace* le «wokisme à la con» à propos des articles interdits au marché de Noël de Strasbourg. Un communiqué de la mairie de Strasbourg avait en effet provoqué la stupeur en établissant une liste de produits que les commerçants ne pourraient plus vendre dans leurs chalets, comme la raclette, la tartiflette, le champagne, le pop-corn, les donuts de Noël, ou le poulet grillé... La raison ? La «capitale de Noël», selon l'équipe municipale, devait répondre aux «questions posées par la société sur l'écoresponsabilité, la provenance des produits, le bien-être ou les identités» (*sic*). Comprenne qui pourra...

Le 12 décembre 2022, l'AFP parle à nouveau de wokisme avec un copier-coller de la dépêche précédente : il s'agit d'un «positionnement qui dénonce les injustices sociales subies par les minorités mais dont les supposés excès sont devenus la bête noire des conservateurs du monde entier». Le 4 janvier 2023, ce n'est pas un conservateur du monde entier, mais une élue socialiste, Carole Delga, qui s'exprime sur les élections en cours au PS : «La gauche a un avenir à condition qu'elle soit unie, [...] si elle propose un projet de société qui répond aux besoins, sans se perdre dans des considérations de wokisme ou de barbecue.»

Une même volonté de censure

Enfin, le 23 janvier 2023, on retrouve le mot « woke », défini d'une nouvelle manière : « Ce mot désigne le militantisme contre toute forme de discrimination et d'exclusion visant une ou plusieurs minorités. C'est un terme utilisé à droite pour dénoncer une prétendue complaisance de la gauche envers les revendications des minorités. » Sauf que, jusqu'à présent, les seules personnes citées dans l'actualité par l'AFP pour leur critique du wokisme sont de gauche. L'affaire serait-elle un peu plus compliquée qu'en apparence ? Réduire les critiques du « wokisme », très diverses, à leurs seules composantes de droite ou d'extrême droite apparaît au mieux comme de l'ignorance, au pire comme de la mauvaise foi...

En fait, ce mot semble délimiter un nouveau partage entre les adeptes du mouvement et ses contempteurs, une ligne de séparation qui dépasse les simples clivages politiques. Les acrimonies sont si fortes qu'aujourd'hui plus grand monde n'ose se réclamer ouvertement du wokisme.

De même, aux États-Unis, la critique du wokisme serait le fait des néoconservateurs et des partisans de Donald Trump. Ron DeSantis, le gouverneur républicain de Floride, s'est illustré début 2023 en supprimant le statut spécial du parc d'attractions Disney World d'Orlando, jugé trop « woke[1] ». Mais qui se souvient que le premier à avoir tiré la sonnette d'alarme fut Barack Obama, fin octobre 2019 à Chicago ? Lors d'une conférence, l'ancien

---

1. Élodie Falco, « En Floride, le gouverneur Ron DeSantis part en guerre contre le parc de la compagnie Walt Disney », *Le Journal du dimanche*, 8 avril 2023.

président américain, idole de la gauche progressiste, a prononcé un réquisitoire contre les dérives de la *cancel culture* et dénoncé la posture moralisatrice adoptée par certains militants : «L'idée de pureté, de n'être jamais compromis et d'être toujours politiquement "woke", tous ces trucs, vous devriez en finir vite avec ça, prévient Barack Obama. Le monde est compliqué, il y a des ambiguïtés. Des gens qui font de très bonnes choses ont des défauts. Des gens contre qui vous vous battez peuvent aimer leurs enfants et même, vous savez, partager certaines choses avec vous.» Il concluait : «Si tout ce que vous faites, c'est jeter la pierre aux autres, vous n'irez probablement pas loin[1].» En 2021, l'ancien président revient une nouvelle fois à la charge contre le wokisme à l'occasion d'une interview donnée à la chaîne CNN. Il dénonce les «dangers» de la mode qui consiste selon lui à condamner les gens en permanence. Il distingue bien la lutte contre les discriminations, nécessaire, de la victimisation permanente qui s'exprime sur les réseaux sociaux notamment. «Cela va trop loin !» fustige-t-il[2].

En France, il existait des tentatives de définition du terme «wokisme», bien avant que celui-ci ne soit utilisé par le groupe Rassemblement national, qui a créé en avril 2023 une association de parlementaires pour lutter contre la «dérive woke». Pour Claudine Moïse, une universitaire linguiste de Grenoble, interrogée par France Info en octobre 2021, être woke, «c'est prendre

---

1. Allyson Chiu, «"He is right on all counts": Obama finds rare bipartisan support by bashing "woke" shaming», *The Washington Post*, 31 octobre 2019.
2. Dominick Mastrangelo, «Obama warns of "dangers of cancel culture" going "overboard"», *The Hill*, 8 juin 2021.

Une même volonté de censure

conscience des rapports de domination et d'une certaine façon des injustices sociales, et notamment des injustices sociales qui seraient systémiques, c'est-à-dire induites par le système politique en place». Il s'agit selon elle de «lutter contre les inégalités sociales de façon affirmée», avec une «opposition qui se veut rebelle, déterminée, pugnace». Claudine Moïse soutient l'état d'esprit woke : «Cela s'appelle un changement de paradigme, d'époque, de monde. Voilà, c'est intéressant quand même à vivre[1]!»

Réjane Sénac, politologue, a mené une enquête de terrain publiée en décembre 2021 sur les nouvelles formes de mobilisation contemporaines, «une forme de convergence des luttes». Elle refuse d'utiliser le terme de «wokisme», qu'elle définit par la négative comme «la résistance de celles et ceux qui ne souhaitent pas que le diagnostic des faillites du modèle républicain soit établi». «Ce qui ressort de cette recherche, explique-t-elle, c'est, d'une part, l'affirmation courageuse de la nécessité d'être radical, c'est-à-dire d'avoir une lecture courageuse qui aborde les inégalités à travers leurs causes pour pouvoir les dépasser. Le diagnostic commun est celui de la dénonciation d'un système capitaliste à la fois sexiste, raciste et écocidaire, qu'il est nécessaire de reconnaître comme tel pour agir efficacement[2].»

---

1. Louis San, «Les mots de la campagne présidentielle 2022 : "woke"», *France Info*, 19 octobre 2021.
2. Réjane Sénac : «Le débat sur le wokisme sert à éviter de parler des inégalités et de leurs causes», propos recueillis par Nastasia Hadjadji, *L'ADN*, 3 décembre 2021.

Quand la peur gouverne tout

Le dernier, et pas des moindres, à bien connaître le wokisme, c'est Pap Ndiaye, ancien ministre de l'Éducation nationale dans le gouvernement d'Élisabeth Borne. Il expliquait au journal *Le Monde* en 2021 que «les militants wokes s'inscrivent dans une histoire longue de mobilisation politique de la jeunesse. […] Il est question de changement de mode de vie, de cohabiter sur la Terre avec ses habitants non humains. Les assignations de genre et les identités sexuelles sont profondément remises en question[1].»

Tout remettre en question, voilà ce qui semble faire consensus chez les adeptes du wokisme pour le définir. En revanche, lorsqu'il s'agit d'interroger la pertinence des concepts de ce mouvement et de remettre en question ses propres fondements, bizarrement, ce n'est plus possible…

Quand un colloque met le feu aux poudres

Ce 7 janvier 2022, le ministre français de l'Éducation nationale, Jean-Michel Blanquer, s'avance à pas feutrés sur la moquette rouge, entre les rangées de sièges en bois d'un illustre amphithéâtre de la Sorbonne. Il sait qu'il est attendu au tournant, car la polémique fait rage depuis plusieurs jours par tribunes interposées dans la presse. Son objet? Le contenu d'un colloque sur le wokisme, intitulé de manière un peu barbare «Après la déconstruction : reconstruire les sciences et la culture».

---

1. Pap Ndiaye : «Les militants wokes s'inscrivent dans une histoire longue de mobilisation politique de la jeunesse», propos recueillis par Marie Slavicek, *Le Monde*, 8 février 2021.

Une même volonté de censure

Les organisateurs de l'événement n'ont pas choisi ce temple du savoir au hasard. Sur les murs : les portraits de Pascal, Bossuet, Descartes, mais aussi Molière et Corneille. Au plafond, une magnifique peinture allégorique représente un étudiant avec ses livres, entouré d'allégories : la Vérité, la Philosophie, la Science et l'Histoire. Alors pourquoi un tel tollé ? « Il y a un fait social indubitable », avance Jean-Michel Blanquer en introduction. Et d'attaquer, d'emblée, ses détracteurs : « Qu'y a-t-il derrière ceux qui pensent qu'il faut annuler un événement académique parce qu'il ne convient pas à leur mode de pensée ? »

Quelques jours plus tôt, le ton était en effet monté d'un cran. Sans appeler formellement à l'annulation de la conférence, organisations syndicales et universitaires étaient tombées à bras raccourcis sur cette rencontre réunissant des professionnels reconnus dans leur domaine, mais introduits par un ministre honni par la grande majorité du corps enseignant. Les organisations syndicales n'y vont pas de main morte. La CGT demande une protection fonctionnelle pour les universitaires qui pourraient être visés lors du colloque, parlant par avance de « dénonciations calomnieuses[1] ». SUD qualifie ce colloque d'« événement de propagande de la "pensée" réactionnaire[2] ».

Les participants sont qualifiés de « ban et d'arrière-ban du néoconservatisme français, réunis sous la houlette

---

1. Communiqué CGT, « Ceci est-il un colloque universitaire ? », 4 janvier 2022.
2. Communiqué SUD-Éducation, « Ceci n'est pas un colloque universitaire », 4 janvier 2022.

d'une officine d'extrême droite». Les contestataires n'hésitent pas à affirmer que «certains signataires [d'une tribune affiliée aux organisateurs] ne cachent pas leurs sympathies pour des courants politiques fascistes» ou que «d'autres frayent de longue date avec des organisations violentes et radicalisées[1]».

Deux jours avant la tenue de la réunion, soixante-quatorze universitaires signent une tribune dans *Le Monde* évoquant la «rhétorique réactionnaire des nouveaux inquisiteurs[2]». Les signataires récusent les termes du débat, affirmant que le wokisme ne serait qu'un «terme polémique, lequel a servi, d'abord à la droite américaine puis aux néoconservateurs français, à disqualifier toute interpellation progressiste». Le wokisme est donc devenu un terme épouvantail, en même temps que son cousin, l'«islamo-gauchisme».

La presse se fait naturellement le relais de la polémique. Le journal *Libération* se moque de cette poignée d'intellectuels présents à la Sorbonne qui entendent, je cite, «clarifier l'affrontement entre eux (les universalistes) et les autres (les intersectionnels)[3]». *Le Monde* titre : «Le "wokisme" sur le banc des accusés lors d'un colloque à la Sorbonne». *L'Humanité*, enfin, tire à boulets rouges. Dans les colonnes du journal, le colloque y est qualifié d'«obsessionnel, réactionnaire, ciblant les féministes, les antiracistes et les anticapitalistes.

---

1. Clément Pétreault, «"Reconstruire après la déconstruction" : polémiques autour d'un colloque à la Sorbonne», *Le Point*, 6 janvier 2022.
2. Tribune, «Université : l'universalisme républicain ne se décrète pas, il se construit», *Le Monde*, 5 janvier 2022.
3. Thibaut Sardier, «Sorbonne : ministre et intellectuels déconstruisent le "woke" lors d'un premier jour de colloque univoque», *Libération*, 7 janvier 2022.

Une même volonté de censure

Un ennemi tout aussi invisible et omniprésent que le coronavirus, comme flottant dans l'air : le "wokisme"[1] ».

Tout cela pour... un simple colloque... dont l'organisation aurait d'ailleurs coûté son poste au ministre de l'Éducation nationale... selon ses dires.

Un an plus tard, dans les rues de Paris, l'heure est à la mobilisation contre la réforme des retraites. Dans les cortèges fournis, j'aperçois une pancarte : « Non au workisme, oui au wokisme ». Pour une fois, le mot est utilisé par des militants ou sympathisants qui n'y sont pas opposés. Je comprends alors que ce n'est pas l'emploi du terme qui est vilipendé, mais la critique du phénomène et des idées...

N'étant pas universitaire mais journaliste, je me permettrai d'employer cette expression qui fâche donc tant et qui, à n'en pas douter, me fera indûment classer dans la case « réactionnaire » par nos nouveaux gardes rouges. Même si ce mot est un anglicisme qui n'a pas toute sa place dans la langue française, il est aujourd'hui tellement utilisé dans le débat public, par ses partisans et ses détracteurs, qu'on ne peut y échapper. Il ne se limite par ailleurs pas à la France. Aujourd'hui, dans toute l'Europe, ce terme est utilisé pour décrire les mêmes phénomènes militants et académiques arrivés d'Amérique. Il serait donc absurde de céder devant la volonté de censure et de ne pas l'utiliser. En revanche, il importera de le définir précisément.

---

1. Aurélien Soucheyre, « Jean-Michel Blanquer en pleine croisade délirante contre le "wokisme" », *L'Humanité*, 10 janvier 2022.

Quand la peur gouverne tout

Une petite histoire de l'éveil

« Woke » est un terme qui vient de la lutte pour les droits civiques et de Martin Luther King. Une telle origine ne peut le faire rejeter d'emblée. C'est de l'argot afro-américain, pour signifier « éveillé ». Un woke, dans les années 1960, c'est celui qui a conscience de l'oppression systémique des Noirs et d'autres minorités ayant alors cours aux États-Unis. Rosa Parks en est un emblème. Cette femme courageuse décida un jour de ne pas céder son siège dans un bus où les Noirs devaient s'asseoir au fond et laisser les places de devant aux Blancs à Montgomery, dans l'Alabama. Elle devint une icône de la lutte pour les droits civiques. Par sa droiture, son honnêteté et la justesse de sa cause, elle rallia des millions d'Américains au combat pour l'égalité des droits, contre la ségrégation et contre le racisme. Des citoyens de toutes origines qui revendiquent alors, comme Martin Luther King le 28 août 1963 à Washington, que l'épiderme ne soit plus un objet de discrimination dans l'Amérique qui vient : « Je fais le rêve que mes quatre jeunes enfants vivront un jour dans une nation où ils ne seront pas jugés par leur couleur de peau mais à la valeur de leur personnalité. Je fais un rêve aujourd'hui. »

En 2008, la chanteuse Erykah Badu propulse l'expression sur le devant de la scène avec son refrain *I stay woke*. En 2012, son tweet de soutien au groupe punk russe Pussy Riot, « Stay Woke ! », le popularise. Le mouvement Black Lives Matter en fera ensuite son mantra. Au même moment, les boutons de type « like » ou « retweet » sur Facebook ou Twitter apparaissent. Selon

Une même volonté de censure

Olivier Moos, docteur en histoire contemporaine à l'université de Fribourg en Suisse et spécialiste du wokisme, c'est cette concomitance qui a fait exploser l'interactivité entre les personnes sur Internet et rendu le terme viral[1]. Les réseaux sociaux accélèrent la diffusion du mot «woke» et en démultiplient l'influence. En 2017, c'est la consécration : le terme entre dans le dictionnaire de langue anglaise *Oxford*. L'espace médiatique, lui, sature. L'utilisation même du mot, en dix ans, est devenue conflictuelle.

Le 6 novembre 2021, le journal *L'Humanité* rédigeait un dossier sur la thématique. Pour le journal, «woke», ou «éveillé», désigne «de manière positive un état d'éveil et de conscience à l'oppression qui pèse sur les minorités ethniques, sexuelles ou religieuses». Le diable se niche parfois dans les détails. Si ce terme a une histoire aux États-Unis, sa traversée de l'Atlantique le transforme déjà. Cette définition sous-entend un «racisme systémique» envers les minorités, dont les minorités religieuses, autrement dit, en France, la minorité musulmane. Et *L'Humanité* de conclure : «Dévié de son sens originel, il est brandi, *ad nauseam*, en France, par les réactionnaires comme le "nouvel ennemi de la République" dans le but de disqualifier sans nuance toute forme de lutte progressiste.» Aux États-Unis, le mot continue d'être employé par ses partisans comme par ses détracteurs. Mais en France, les seuls autorisés à utiliser ce vocabulaire seraient ceux qui mènent la lutte contre le racisme.

---

[1]. Olivier Moos, «The Great Awokening : réveil militant, justice sociale et religion», *Religioscope*, Études et analyses n° 43, décembre 2020.

S'interroger sur le wokisme, ce serait critiquer le combat progressiste, ce qui est impossible pour ses militants. Par extension, critiquer le concept même d'oppression des minorités religieuses ne serait pas envisageable. Du pain béni pour les intégristes...

Non, l'islamisme n'est pas un épouvantail

Le terme «islamisme», lui aussi, est un mot employé avec des pincettes dans le débat public. Utiliser ce vocable, ce serait se placer, de la même manière que lorsqu'on emploie le mot «wokisme», dans le camp «réactionnaire». On voit tout de suite la perversion de ce raisonnement. La pression exercée pour empêcher d'utiliser un certain vocabulaire est en effet un premier pas pour ne pas désigner un phénomène existant et empêcher qu'il devienne un objet d'étude. Les organisateurs de notre fameux colloque sur le wokisme tant décrié à la Sorbonne ne s'y sont pas trompés. La cinquième table ronde s'intitulait «L'islam à l'université : peut-on encore en parler?» La question mérite en effet d'être posée. D'autant qu'il ne s'agit même plus ici d'islamisme, mais tout simplement de l'étude de l'islam, qui devient en soi un terrain miné...

L'islamisme est certes un mouvement protéiforme à l'intérieur de l'islam, mais il a une histoire. Du conservatisme religieux en Égypte, qui est à l'origine de la fondation des Frères musulmans, au wahhabisme en Arabie saoudite, étendant ce qui deviendra le salafisme grâce au *soft power* des pétrodollars, des extensions du malékisme

Une même volonté de censure

dans les pays du Maghreb au fondamentalisme des mollahs en Iran, ou des talibans en Afghanistan, il recouvre une réalité mondiale diverse. Un point commun cependant à tous ces courants : la volonté de faire avancer l'agenda d'un islam politique dans les pays musulmans, qui constituent l'*oumma*, et hors des pays musulmans, où des minorités se trouvent et doivent, selon les islamistes, être soustraites à l'influence néfaste des pays d'accueil. Les Frères musulmans ont d'ailleurs aussi pour but à plus long terme d'islamiser l'ensemble de ces sociétés, y compris les non-musulmans[1]. Selon Stéphane Lacroix, professeur à Sciences Po Paris et spécialiste du Moyen-Orient, est « islamiste tout acteur organisé agissant sur la réalité qui l'entoure dans le but de la mettre en conformité à un idéal fondé sur une interprétation donnée des injonctions de l'islam[2] ».

« L'islamisme, c'est le refus assumé de distinguer l'islam comme religion de l'islam comme culture et l'islam comme idéologie », explique Bernard Rougier[3], Professeur à la Sorbonne-Nouvelle. Il établit que quatre forces dominent chez les islamistes : les Frères musulmans, l'organisation du Tabligh, le salafisme et le djihadisme[4]. Les Frères musulmans sont un mouvement créé en Égypte en 1928 par Hassan al-Banna. Leur

---
1. Hakim El Karoui, « La fabrique de l'islamisme », Institut Montaigne, rapport, septembre 2018.
2. Stéphane Lacroix, *Les Islamistes saoudiens : une insurrection manquée*, Paris, PUF, 2010.
3. Bernard Rougier, « Les islamistes veulent empêcher la distinction entre islam et islamisme », propos recueillis par Guillaume Lamy, *Lyon capitale*, 4 mars 2020.
4. Bernard Rougier, « L'islamisme est un projet hégémonique », propos recueillis par Thomas Malher et Clément Pétreault, *Le Point*, 2 janvier 2020.

devise : « Allah est notre objectif, le Prophète notre chef, le Coran notre loi, le Djihad notre voie, la mort sur la voie d'Allah notre plus cher espoir[1]. » Le Tabligh, une société de prédication de masse né en Inde en 1927, est devenu l'un des mouvements islamistes les plus étendus dans le monde. À Lunel, dans l'Hérault, de nombreux jeunes djihadistes partis pour la Syrie avaient été embrigadés dans une mosquée Tabligh[2]. Le salafisme est un retour littéral aux textes et aux pratiques en vigueur à l'époque du prophète Mahomet. Il est souvent associé au wahhabisme, venu d'Arabie saoudite. Enfin, le djihadisme, né dans les années 1980 en Afghanistan, est une idéologie politique qui prône le recours à la violence pour instaurer une gouvernance islamiste fondée sur la charia.

Les catégories de Bernard Rougier ont le mérite de correspondre, selon le spécialiste du djihadisme Hugo Micheron, à celles qui sont utilisées par les militants eux-mêmes. Dans son ouvrage, *Le Jihadisme français*[3], Hugo Micheron définit lui aussi l'islamisme comme « le refus assumé de scinder l'islam en religion, culture ou idéologie » et précise « leur souci commun [à ces quatre groupes] de soumettre l'espace social à un régime spécifique de l'espace religieux ». En France, on parle aujourd'hui plus volontiers du développement d'un courant « fréro-salafiste », une vision rétrograde de l'islam

---

1. Ayaan Hirsi Ali, « The Quran is our law ; Jihad is our way », *The Wall Street Journal*, 18 février 2011.
2. Baptiste Muckensturm, « Lunel : leçons d'une filière djihadiste », France Culture, 8 septembre 2021.
3. Hugo Micheron, *Le Jihadisme français : quartiers, Syrie, prisons*, Paris, Gallimard, 2020.

qui, pour les uns, devrait retrouver sa pureté originelle, celle des «salafs», ou pieux prédécesseurs, et, pour les autres, opérer une renaissance islamique par la lutte non violente contre «l'emprise laïque occidentale[1]». La frontière entre fréro-salafisme et djihadisme est poreuse : le djihadisme est l'action violente menée au nom d'une certaine idée de l'islam. Le fréro-salafisme est un courant politique identitaire et totalitaire, instrumentalisant une religion et cherchant à faire croire qu'il s'agit de l'unique voie qui s'offre au croyant, en codifiant le moindre détail de sa vie quotidienne.

On aurait tort de croire que les salafistes sont uniquement quiétistes, c'est-à-dire repliés sur la sphère privée de manière pacifique, contrairement aux djihadistes, qui passent à l'action. On aurait tort également de penser que les Frères musulmans sont devenus une organisation fréquentable. Les moyens d'action diffèrent selon les mouvements, mais l'objectif demeure identique : il s'agit d'un projet politique visant à imposer la loi religieuse, la charia, dont le but est de codifier tous les aspects, publics et privés, de la vie des musulmans.

D'ailleurs, l'islamisme était défini très précisément dans la «charte des principes» qui devait précéder la création du Conseil national des imams de France en 2020 : «Les signataires s'engagent donc à refuser de s'inscrire dans une quelconque démarche faisant la promotion de ce qui est connu sous l'appellation "islam

---

1. Andrea Mura, «A genealogical inquiry into early islamism: the discourse of Hassan al-Banna», *Journal of Political Ideologies*, vol. 17, n° 1, 2012.

politique". Par "islam politique", la présente charte désigne les courants politiques et/ou idéologiques appelés communément salafisme (wahhabisme), le Tabligh ainsi que ceux liés à la pensée des Frères musulmans et des courants nationalistes qui s'y rattachent[1]. »

Une définition que rejetait la composante fondamentaliste au sein du Conseil français du culte musulman. En janvier 2021, seules cinq des huit fédérations composant le CFCM avaient accepté de parapher le texte[2]. Dans un communiqué, le recteur de la Grande Mosquée de Paris avait annoncé son retrait du projet en ces termes : « La composante islamiste au sein du CFCM a insidieusement bloqué les négociations en remettant en cause presque systématiquement certains passages importants. Des membres de la mouvance islamiste sont allés jusqu'à réaliser des manipulations médiatiques, salissant notre honneur et, dans le contexte, mettant ainsi notre vie en danger, faisant croire que cette charte avait pour ambition de toucher à la dignité des fidèles musulmans. Ce qui est un mensonge éhonté dont les conséquences peuvent être particulièrement graves. Cette composante islamiste agissant au sein du CFCM œuvre, comme à son habitude, en coulisses et en surface, pour

---

1. « Charte des principes pour l'islam de France », Paris, 17 janvier 2021.
2. Les trois associations qui ont rejeté le texte sont le Comité de coordination des musulmans turcs de France (CCMTF), l'association Milli Gorus (CIMG), et le mouvement Foi et pratique, proche du mouvement Tabligh. Les deux fédérations liées au Maroc (Union des mosquées de France et Rassemblement des musulmans de France), la Grande Mosquée de Paris, liée à l'Algérie, et la Fédération française des associations islamiques d'Afrique, des Comores et des Antilles (FFAIACA), ainsi que Musulmans de France, issue de la mouvance des Frères musulmans, avaient apposé leur signature le 17 janvier 2021.

Une même volonté de censure

saborder toutes les initiatives qui visent à créer des rapprochements salutaires entre les musulmans de France et la communauté nationale[1]. » Le contexte dont parle le recteur de la Grande Mosquée de Paris est celui de l'assassinat de Samuel Paty et de l'attentat de la basilique de Nice en octobre 2020, électrochocs qui avaient amené le président français Emmanuel Macron à accentuer la pression sur le Conseil français du culte musulman pour mieux encadrer la formation des imams de la deuxième religion de France[2].

Ainsi, dans les pays où il existe des minorités musulmanes, comme en Amérique du Nord ou en Europe, le but des différents courants islamistes est d'étendre la mise en place de la charia partout où cela est possible en «réislamisant» les populations musulmanes à leur manière. Et leur temps est un temps long...

Par-delà le fait que l'utilisation de ces deux mots, wokisme et islamisme, est inflammable dans le débat public, les mouvements auxquels ils correspondent sont aussi reliés, et pas seulement en France. Leur convergence se fait sur des questions très précises, à commencer par celle du racisme. Le nouveau mouvement antiraciste est en effet une aubaine pour les tenants de l'islam politique.

---

1. Communiqué de Chems-Eddine Hafiz, recteur de la Grande Mosquée de Paris : « La Mosquée de Paris se retire du projet de création du Conseil national des imams », 28 décembre 2020.
2. Cécile Chambraud, « Islam de France : Macron obtient une charte », *Le Monde*, 20 janvier 2021.

2

L'aubaine antiraciste

Antiracisme ethnique : puissant ensemble de pratiques antiracistes qui mènent à l'équité entre des groupes ethniques racialisés et sont justifiées par des idées antiracistes sur les groupes ethniques racialisés[1].

Quand une supplique devient un slogan

Son agonie, filmée par une caméra, paraît interminable. À côté de sa voiture, George Floyd, un Afro-Américain de quarante-six ans, est maintenu au sol par un policier qui appuie son genou sur son cou. Il pèse de tout son poids sur le père de famille qui supplie : « S'il vous plaît ! Je n'arrive pas à respirer ! » En moins de cinq minutes, l'homme va prononcer ces mots seize fois. Des passants demandent aux policiers d'arrêter. Peine perdue. Trois minutes avant l'arrivée de l'ambulance, Floyd

---

1. Ibram X. Kendi, *Comment devenir antiraciste*, traduit de l'anglais (États-Unis) par Thomas Chaumont, Paris, Alisio, 2020.

ne bouge plus, il est inanimé. Derek Chauvin, le policier, ne relâche pourtant pas sa prise. Une fois sur place, les secours ne réussissent pas à réanimer George Floyd. Il sera déclaré mort une heure plus tard à l'hôpital de Minneapolis, dans le Minnesota, où il a été transporté. Il est 21 h 30 ce 20 mai 2020, et pour le mouvement antiraciste américain, un symbole vient de naître.

Dès le lendemain, des milliers de personnes se rassemblent dans la ville pour réclamer justice en scandant *I can't breathe!* («Je ne peux pas respirer!»). Cette phrase devient un slogan. Le lieu de l'interpellation de George Floyd est très vite transformé en mémorial temporaire. Le 26 mai 2020, dans la soirée, les premières émeutes commencent à Minneapolis. Elles s'étendent à tout le pays en quelques jours. Barricades, incendies, pillages... La révolte est hors de contrôle. Trente-deux personnes trouveront la mort lors de ces manifestations contre le racisme et les violences policières aux États-Unis. Le 20 avril 2021, le policier Derek Chauvin sera reconnu coupable de meurtre, homicide volontaire et violences volontaires ayant entraîné la mort. Condamné, il purge actuellement une peine de vingt-deux ans de prison. Mais le scandale de cette bavure policière a exacerbé les tensions raciales aux États-Unis.

Trois ans plus tard, au début du mois de janvier 2023, Tyre Nichols, un jeune Afro-Américain de vingt-neuf ans, est tabassé à mort par cinq policiers à Memphis, dans le Tennessee. Sur les réseaux sociaux, le racisme de la police américaine est vilipendé. La colère gronde à nouveau. Pour éviter le même embrasement qu'à Minneapolis, la police de Memphis démet immédiatement les policiers

L'aubaine antiraciste

de leurs fonctions et engage des poursuites judiciaires. Mais ce n'est pas tout : l'institution publie elle-même une vidéo de l'arrestation et les photos des cinq policiers. Tous sont noirs, comme 63 % de la population de Memphis. Qu'à cela ne tienne, les réseaux sociaux s'enflamment sur le racisme systémique de la police américaine. Peu importe la couleur de la peau des policiers, ils ont intégré le racisme et l'exercent à leur insu, comme des Blancs.

Un racisme déconnecté de la couleur de peau ? À première vue, c'est une absurdité. La logique du raisonnement échappe d'abord au bon sens. Mais pour le nouveau mouvement antiraciste qui s'est développé aux États-Unis au début des années 2010 avec les collectifs Black Lives Matter («Les vies noires comptent»), et qui a été exporté en France depuis, la logique ne se trouve pas où l'on croit.

En 2011, une universitaire américaine, Robin DiAngelo, invente un obscur concept, celui de «fragilité blanche». Elle publie même un livre portant ce titre[1], qui ne rencontre d'abord qu'un écho très limité. Deux mois avant la mort de George Floyd, en mai 2020, les ventes s'élevaient à 18 492 exemplaires[2], ce qui est peu pour les États-Unis. Elle décrit la «fragilité blanche» comme un «mécanisme de déni qui empêche d'identifier le racisme systémique qui persiste dans nos sociétés. Et, donc, de le

---
1. Robin DiAngelo, *Fragilité blanche : ce racisme que les Blancs ne voient pas*, traduit de l'anglais (États-Unis) par Bérengère Viennot, Paris, Les Arènes, 2020.
2. Jemima McEvoy, «Sales of "White Fragility" – and other anti-racism books – jumped over 2000 % after protests began», *Forbes Magazine*, 22 juillet 2020.

combattre». En clair, les Blancs seraient racistes à leur insu, il importerait donc de les rééduquer pour qu'ils en prennent conscience, qu'ils «s'éveillent» aux discriminations afin de devenir des alliés des populations dites «racisées[1]» dans la lutte pour l'égalité raciale.

Le mouvement Black Lives Matter est lancé trois ans plus tard, en 2014, par des militantes antiracistes lorsque des émeutes éclatent dans la ville de Ferguson, dans le Missouri, à la suite de l'acquittement de Darren Wilson, un homme blanc suspecté du meurtre d'un adolescent noir, Michael Brown. Ce que dénoncent les protestataires : le racisme systémique exercé par les policiers blancs envers les membres de la communauté afro-américaine et l'inégalité raciale dans le système judiciaire américain.

La mort de George Floyd, en 2020, va jouer un rôle de catalyseur. En quelques mois, la «théorie critique de la race[2]», née dans les années 1980 dans les universités américaines, va connaître un essor inattendu. Popularisée par Robin DiAngelo, elle va se propager comme une traînée de poudre dans les milieux militants américains. Les ventes de *Fragilité blanche* bondissent de 2 264 % entre mai et juin 2020[3]. Dans ce best-seller, rédigé comme un livre de développement personnel, Robin DiAngelo raconte ses années d'expérience comme formatrice en

---

1. «Racisé : se dit de quelqu'un qui est l'objet de perceptions ou de comportements racistes», Dictionnaire Larousse en ligne, consulté le 12 juin 2023, https://www.larousse.fr/dictionnaires/francais

2. La théorie critique de la race, ou TCR, est un courant de recherche apparu aux États-Unis dans les années 1980. Selon cette théorie, la race serait une construction sociale et le racisme serait institutionnel. Ainsi, les inégalités existantes seraient dues à un racisme systémique inhérent à l'État, dont il importerait de démanteler les structures racistes.

3. Jemima McEvoy, *op. cit.*

L'aubaine antiraciste

«diversité» dans des entreprises, des groupes de parole ou des associations. Sa démarche est destinée à ses compatriotes blancs, surtout ceux qui pensent ne pas être racistes. Ceux-là doivent apprendre à se rééduquer pour comprendre comment ils sont racistes sans le savoir, car ils évoluent sans en être conscients dans un milieu systémiquement raciste qui leur procure un «privilège blanc», dont ils devront appréhender la réalité et qu'ils devront reconnaître auprès des personnes «racisées». Le but est d'influer sur les inégalités raciales qui structurent l'Amérique depuis l'esclavage par une prise de conscience, comme des alcooliques anonymes qui confesseraient leur addiction et pourraient en guérir en la verbalisant. Truffé de généralités et de banalités que Robin DiAngelo assène sereinement, l'ouvrage nous apprend que «les Blancs n'existent pas en dehors de la suprématie blanche» et ce dans le monde entier, et que «l'identité blanche est intrinsèquement raciste». L'auteure appelle à «dépasser le sens de la culpabilité et à agir», sauf qu'il n'est jamais question d'action concrète dans son livre, mis à part pour aller battre sa coulpe dans des groupes de parole, ce qui donnera bonne conscience aux personnes blanches, c'est déjà ça. «Je tends vers une identité moins blanche pour ma propre libération et pour le sentiment de justice que cela me fait éprouver, pas pour sauver des personnes non blanches», écrit l'auteure. Robin DiAngelo manie des concepts pseudo-psychiatriques qui s'imposent de manière déclarative, mais n'en démontre jamais la validité factuelle et conceptuelle.

Un autre universitaire, de Boston, Ibram X. Kendi, connaît lui aussi un succès incroyable avec un livre, *Comment devenir antiraciste*[1], publié en 2020 et propulsé par le *New York Times* en tête des meilleures ventes. Kendi figure également dans la liste des cent personnalités les plus influentes de *Time Magazine* en 2020.

Sa thèse est très simple : il est impossible de ne pas être raciste. Soit on est raciste, soit on est antiraciste : « Le contraire de "raciste" n'est pas "pas raciste". C'est "antiraciste". [...] Quel est le problème avec le fait d'être "pas raciste" ? C'est une affirmation de neutralité : "Je ne suis pas raciste, mais je ne suis pas non plus agressivement contre le racisme." Il n'y a pourtant pas de neutralité dans la lutte concernant le racisme. [...] Soit on soutient l'idée d'une hiérarchie raciale en tant que raciste, soit celle d'égalité raciale en tant qu'antiraciste. Soit on croit que les problèmes trouvent leurs racines chez des groupes de gens, et on est raciste, soit on situe les racines de ces problèmes dans le pouvoir et la politique, et on est antiraciste. Soit on permet aux inégalités raciales de se perpétuer, et on est raciste, soit on combat les inégalités raciales, et on est antiraciste. Il n'existe pas d'entre-deux. »

Et le remède paraît être une évidence : contre la discrimination raciale, il faut de la discrimination antiraciste. Aucune issue de secours, elles ont été condamnées... Le concept de « privilège blanc » fait ainsi son apparition sur les campus américains et envahit le débat public après 2020. Ce qui est martelé est, ici aussi, très simple :

---

1. Ibram X. Kendi, *op. cit.*

L'aubaine antiraciste

«les Blancs sont les oppresseurs», sous-entendu «les seuls oppresseurs». L'oppression raciale envers des populations dites «racisées», non blanches, est le seul facteur qui détermine les rapports sociaux aux États-Unis, du fait de l'esclavage, faute originelle sur laquelle s'est construit le pays. La victimisation devient un concept valorisant : «Être victime, expliquent les sociologues américains Bradley Campbell et Jason Manning, est même perçu comme un statut moral, et ceux qui peuvent s'en prévaloir sont hissés sur un piédestal[1].»

La «blanchité» devient un concept. Les chiffres montrent qu'il y a plus d'individus noirs tués par des policiers noirs que par des policiers blancs aux États-Unis? Qu'importe, l'institution policière est blanche par essence, car elle représente les dominants. Les policiers noirs ont donc intégré cette «blanchité» et sont des oppresseurs blancs comme les autres. À l'inverse, les Blancs doivent «s'éveiller» aux discriminations raciales.

La «blanchité» est un concept, et le racisme... un business lucratif. Outre les groupes de parole, des dîners chez des «femmes blanches aisées» sont aussi organisés. Comptez trois cent cinquante euros tout de même par personne pour déconstruire votre «blanchité» le temps d'une soirée à Denver, dans le Colorado, par exemple[2].

---

1. Bradley Campbell, Jason Manning, *The Rise of Victimhood Culture: Microaggressions, Safe Spaces, and the New Culture Wars*, New York, Palgrave Macmillan, 2018.
2. Popy Noor, «Why liberal white women pay a lot of money to learn over dinner how they're racist», *The Guardian*, 3 février 2020.

Dans la société américaine, et plus largement le monde anglo-saxon, tout doit désormais être interprété au seul prisme de la couleur de peau. Voilà un antiracisme qui ressemble furieusement à un nouveau racisme... avec une société divisée en deux catégories : celle des oppresseurs, forcément blancs, et celle des oppressés, forcément « racisés », c'est-à-dire appartenant à des minorités raciales. Autrement dit, celle des bourreaux et celle des victimes. On en arrive à des absurdités, comme à l'université d'Oxford, en Grande-Bretagne, où des étudiants ont été incités à regarder leurs camarades « racisés » droit dans les yeux, car avoir un regard fuyant aurait été un signe de racisme. L'université a par la suite fait marche arrière, car cette recommandation pouvait être considérée comme discriminante pour les autistes, qui peuvent avoir des difficultés à établir un contact oculaire direct[1]...

Évoquer la race de quelqu'un est donc redevenu à la mode, alors qu'on croyait ces théories définitivement oubliées dans les poubelles de l'histoire. Et dans la catégorie des victimes « racisées », il en est une qui retient particulièrement notre attention : celle des victimes qui seraient ostracisées du fait de leur pratique religieuse.

La victimisation des entrepreneurs de l'islam politique

Cette victimisation portée par le mouvement antiraciste, d'abord en Amérique du Nord, puis en Europe, est

---

[1]. « Oxford University sorry for eye contact racism claim », BBC News, 28 avril 2017.

L'aubaine antiraciste

une aubaine pour l'islam politique et ses militants, qui cherchent à prendre l'ascendant sur l'ensemble des personnes musulmanes ou identifiées comme telles.

Ce 5 septembre 2022 commence le procès de l'attentat du 14 juillet 2016 à Nice, bien moins sous le feu des projecteurs que celui des attentats du 13 novembre 2015, qui s'est achevé quelques mois auparavant. Il faut dire que les charges qui pèsent sur les accusés sont beaucoup plus ténues, le principal auteur étant mort pendant l'attaque. Le procès se tenant à Nice, peu de victimes, par ailleurs, sont présentes sur les plateaux de télévision. L'une d'entre elles a écrit un livre pour rendre hommage à sa mère, la première personne à avoir succombé ce soir-là sur la promenade des Anglais. Elle dénonce la double peine d'être victime de terrorisme et victime de racisme antimusulman. Une double peine dont parle aussi le recteur de la Grande Mosquée de Paris lors d'un colloque à l'Assemblée nationale, le 6 décembre 2021, les musulmans étant selon lui victimes deux fois : certains des terroristes, et beaucoup d'autres de l'amalgame fait entre les terroristes islamistes et la population de confession musulmane.

Nul ne met en doute l'existence ici d'un racisme individuel envers les populations venant d'Afrique et du Maghreb en France, comme le racisme subsistant en Amérique du Nord envers les Afro-Américains. Mais si la couleur de peau est une chose, l'adhésion à une religion en est une autre. Or, le tour de passe-passe va consister pour les militants antiracistes wokes à transformer la religion en une race comme une autre.

Quand la peur gouverne tout

Ce 21 mars 2023, outre les jonquilles qui fleurissent pour fêter l'arrivée du printemps, des panneaux d'un genre particulier ornent les abribus de la ville de Grenoble. Peu de gens le savent, mais le 21 mars est la journée internationale pour l'élimination de la discrimination raciale. Un jour férié en Afrique du Sud, qui commémore le massacre de Sharpeville, perpétré durant l'apartheid, le 21 mars 1960. Éric Piolle, le maire de Grenoble, la commémore à sa manière. Ses affiches, intitulées «Contre le racisme», montrent une jeune fille voilée selon les standards en vigueur en Arabie saoudite, affirmant qu'elle a deux fois moins de chances d'obtenir un entretien d'embauche. Naëm Bestandji, militant féministe, ancien animateur socioculturel dans les quartiers populaires de Grenoble, s'insurge : «La ville de Grenoble instrumentalise cette journée pour relayer le marketing de l'islamisme politique, écrit-il sur son blog. Avoir deux fois moins de chances d'obtenir un entretien d'embauche n'est pas imputable aux employeurs mais témoigne de l'intransigeance et de l'incapacité psychologique à retirer le voile.» Pour lui, ce n'est pas l'employeur qui discrimine, mais la candidate qui s'autodiscrimine. Jean-Luc Mélenchon, le dirigeant de La France insoumise, ne disait pas autre chose en 2010 : «En ce moment, on a le sentiment que les gens vont au-devant des stigmatisations : ils se stigmatisent eux-mêmes – car qu'est-ce que porter le voile, si ce n'est s'infliger un stigmate – et se plaignent ensuite de la stigmatisation dont ils se sentent victimes[1].»

---

1. «La (très) nette évolution de Mélenchon sur la question de l'islamophobie», *Le Parisien*, 10 novembre 2019.

L'aubaine antiraciste

Sa position a bien changé depuis... Avec cet affichage, la ville de Grenoble cherche à faire de l'adhésion à une religion une «race». Elle entretient la confusion entre «Maghrébin» et «musulman», et entre «musulmane» et voile. Être musulman, dans ces conditions, ne serait plus un choix religieux, mais une hérédité ethnique. «Voilà comment pratiquer le racisme en prétendant lutter contre le racisme, à travers cette vision orientaliste, paternaliste et raciale de l'islam et des musulmans, tous assignés à la frange extrémiste de leur religion», conclut Naëm Bestandji.

C'est peut-être «à l'insu de son plein gré», mais le fait est qu'Éric Piolle ne fait avec cette campagne que reprendre la communication ordinaire de l'islam politique, qui détourne le mouvement antiraciste pour englober tous les musulmans dans la catégorie des victimes de racisme. Une fois persuadés d'être d'éternelles victimes, ceux-ci seront plus facilement pris en charge par les militants islamistes, qui auront, bien entendu, la solution à tous leurs problèmes, causés par le racisme et les discriminations systémiques de l'État. Cette rhétorique utilisant l'outil du voile pour «racialiser» les musulmanes, les islamistes la pratiquent, tout comme la mairie «antiraciste» de Grenoble. Et ce n'est pas la première fois. On se souvient de la polémique sur le *burkini* dans les piscines grenobloises, qui s'est conclue par une décision d'interdiction du Conseil d'État faisant désormais jurisprudence. Ce débat avait été mis à l'agenda par une association, Alliance citoyenne, subventionnée par la mairie de Grenoble, qui serait l'une des principales organisations soupçonnées de séparatisme en France selon les services de renseignements[1]. Ses militants sont visés par une enquête du procureur de Grenoble depuis mai 2022 sur la possible existence de fichiers tenus par l'association, qui aurait collecté et conservé de manière illégale des données incluant l'origine ethnique, mais aussi les convictions politiques et religieuses[2]. Son but est simple : « Arracher auprès de chaque institution les changements qui permettront à terme de faire de la France une société de tolérance dans laquelle nous [les musulmans] aurons les mêmes droits que les autres[3]. » Le sous-entendu est clair : les musulmans en France n'auraient pas les mêmes droits que les autres citoyens. Côté face : de bien beaux sentiments et de nobles combats, par exemple à Villeurbanne, où l'association accompagne les locataires dans la défense de leurs droits. Côté pile : un relais de l'islam politique utilisant la rhétorique victimaire pour faire avancer la visibilité d'un fondamentalisme à but politique.

Pour les militants antiracistes wokes, considérer l'islam comme une religion et non comme une identité n'est pas admissible. Les catégories raciales et religieuses seraient imbriquées et difficilement séparables. Toute opinion inverse viserait à tromper et reposerait sur une conception étroite du racisme. Un racisme qui ne se limiterait pas à la couleur de peau ni ne serait purement lié à des réalités biologiques. Cette thèse d'une imbrication des

---

[1]. Robin Korda, « Burkini à Grenoble : Alliance citoyenne, une association "pyromane" derrière Éric Piolle », *Le Parisien*, 10 mai 2022.
[2]. Source : ministère de l'Intérieur.
[3]. « Victoire pour le Syndicat des femmes musulmanes à Lyon », Alliance citoyenne, communiqué du 3 août 2020.

catégories raciales et religieuses s'appuie sur ce qu'écrit par exemple le philosophe Étienne Balibar : «Le naturalisme biologique ou génétique n'est pas le seul mode de naturalisation des comportements humains et des appartenances sociales. La culture peut elle aussi fonctionner comme une nature, comme une façon d'enfermer a priori les individus et les groupes dans une généalogie, une détermination d'origine immuable et intangible[1].» La sociologue Juliette Galonnier tire abusivement de cette citation la conclusion que l'islam n'est certes pas une race, mais qu'il n'échappe pas au processus de racialisation. «Dans la réalité du monde social, les catégories raciales et religieuses sont fortement imbriquées et difficilement séparables», affirme-t-elle[2]. Les tenants de l'islam politique peuvent donc tranquillement continuer à avancer leurs pions en se cachant, avec l'aide du mouvement antiraciste, derrière le bouclier de la race, qui leur assurera, à n'en pas douter, une bonne protection contre toute tentative de critique. Cette collaboration avec la mouvance progressiste se révèle être une tactique imparable. Ainsi, toute interrogation sur l'idéologie islamiste, présentée comme l'islam tout court, serait une attaque contre des individus en raison de leur race. Critiquer une religion serait être raciste.

C'est exactement le procédé qu'utilise la municipalité de Stains, en banlieue parisienne, elle aussi placée sous le feu des projecteurs. En septembre 2022, la mai-

---

1. Étienne Balibar, Immanuel Wallerstein, *Race, nation, classe : les identités ambiguës*, Paris, La Découverte, 1988.
2. Juliette Galonnier, «Discrimination religieuse ou discrimination raciale?», *Hommes et migrations*, n° 1324, 2019.

rie rebaptise temporairement certaines rues de la ville. Une rue portera le nom de l'une des femmes du prophète Mahomet. Rapidement, une polémique lancée par l'extrême droite enfle sur les réseaux sociaux. Des militants publient l'organigramme de l'équipe municipale, où deux élues portent le voile, ce qui n'est pas incompatible avec la loi française. Cependant, ces voiles affichés ostensiblement pour les femmes ou ces barbes salafistes pour les hommes sont le signe d'une installation durable d'un islam politique dans la cité. Face à la levée de boucliers, le maire de Stains assume et réagit dans une vidéo où il assure avoir été victime de nombreuses injures à caractère raciste : «Nous ne vous laisserons pas nous insulter, nous calomnier, nous classifier selon des critères raciaux», proteste-t-il. Il aura reçu au passage une belle publicité. Ce dont les militants islamistes locaux profitent *in fine*. Le message ainsi largement diffusé est celui-ci : «On peut être voilée et porter une écharpe de la République.» Au contraire, il y a une dizaine d'années encore, beaucoup à gauche considéraient ces deux symboles comme incompatibles : «Il y a une confusion des rôles», disait en 2010 le chef de file du Parti de gauche, Jean-Luc Mélenchon, interrogé par le journal *Marianne*[1]. «Le débat politique ne doit pas aller sur le terrain religieux. Quelqu'un qui participe à une élection doit représenter tout le monde et pas seulement ceux dont il partage les convictions religieuses.» Désormais, la diversité est clairement instrumentalisée,

---

[1]. «Mélenchon : la candidate voilée du NPA relève du racolage», propos recueillis par Gérald Andrieu, *Marianne*, 4 février 2010.

L'aubaine antiraciste

comme à Stains, pour masquer les marqueurs identitaires.

L'étape suivante, naturellement, est d'excuser l'islamisme au nom de la défense des opprimés. Lorsque Virginie Despentes s'identifie aux frères Kouachi[1], vus dans la logique antiraciste comme des «racisés», elle considère en creux les attentats commis au nom de l'islam comme une légitime défense héroïque face à une stigmatisation. La brèche victimaire fonctionne parfaitement.

Après les attaques du djihadiste Mohamed Merah, qui a tué, entre autres, de jeunes enfants juifs dans une école à Toulouse, le chanteur Magyd Cherfi expliquait en 2016 que, bien sûr, «on ne peut pas excuser des meurtres pareils, mais on doit comprendre... Quand on est issu des bas-fonds de la société, on a le devoir d'une empathie quelque part[2].» Un appel à l'empathie avec un terroriste djihadiste lancé à une heure de grande écoute à la télévision française... De même, un éminent intellectuel, Régis Debray, avoue «une certaine compassion pour les nouveaux djihadistes de chez nous[3]». Une attitude qui étonne Hédi Ennaji, chercheur franco-tunisien spécialiste du terrorisme : «Ce relativisme est déconcertant alors que ce qui est en jeu, c'est la sécurité du pays», écrit-il[4].

Le but des courants islamistes frèristes ou salafistes est différent de celui des mouvements antiracistes, bien

---

1. Virginie Despentes, «Les hommes nous rappellent qui commande, et comment», *Les Inrocks*, 17 janvier 2015.
2. Émission «On n'est pas couché», France 2, 29 octobre 2016.
3. Régis Debray, «L'appel du sud et des Sierras», *Le Un*, 23 avril 2014.
4. Hédi Ennaji, «The rent of victimhood: french narratives of islamist terrorism», Nordic Counter Terrorism Network, 2022.

évidemment. Mais les militants progressistes les intéressent pour faire avancer leurs intérêts. Tariq Ramadan, prédicateur suisse des Frères musulmans, ne disait pas autre chose. Dès le début des années 2000, il décelait dans cette convergence avec les mouvements altermondialistes comme Attac et le Forum social européen une possibilité de faire avancer l'agenda de l'islam fondamentaliste. La nouvelle génération d'islamistes a gardé cet esprit et utilise désormais les ressources des ONG et autres mouvements antiracistes wokes pour marteler ses messages. « Les entrepreneurs islamistes, explique Bernard Rougier, sont pragmatiques : ils utilisent les ressources du moment pour les intégrer dans leur système de sens et d'action[1]. » Les lignes de faille à l'œuvre dans chaque société seront donc exploitées à plein.

Dans son livre-enquête, *Les Territoires conquis de l'islamisme*[2], le chercheur raconte par exemple cette fausse information qui s'est répandue à Goussainville, dans le Val-d'Oise. Abdelaziz Hamida, candidat aux élections municipales, « aurait été un fiché S[3] ». Cette rumeur, loin de le desservir, a été un argument pour son élection. Une forte abstention lors des élections signifie qu'un scrutin se joue souvent à quelques centaines, voire à quelques dizaines de voix. Fiché S, cela voulait dire qu'il était persécuté par l'État, donc un « bon musulman ». Un argument que des réseaux structurés, notamment

---

1. Entretien avec le chercheur, 26 mars 2023.
2. Bernard Rougier (dir.), *Les Territoires conquis de l'islamisme*, édition augmentée, Paris, PUF, 2022.
3. En France, une fiche S est une fiche signalétique du fichier des personnes recherchées. Pour certains, dans les faits, il s'agit de personnes surveillées. La lettre S est l'abréviation de « sûreté de l'État ».

L'aubaine antiraciste

islamistes, peuvent mettre en avant. Dans ce cas, ce militant n'a eu nul besoin de clamer son engagement communautaire, la rumeur sur la fiche S jouant comme une sorte de passeport de communautarisme. Lorsque le ministre de l'Intérieur, Gérald Darmanin, a lancé la procédure d'expulsion contre Hassan Iquioussen, l'imam aux prêches antisémites, homophobes et sexistes, l'indignation a largement dépassé les seuls cercles islamistes. L'expulsion a été qualifiée d'acte de «racisme d'État» à maintes reprises. Un fort déni de l'islamisme existe chez certaines élites françaises qui préfèrent fermer les yeux face au réel et analyser chaque événement se rapportant à ce phénomène comme étant le fait de populations discriminées, de délinquants, voire de déséquilibrés. Les actes ne sont reliés ni au discours ni à l'idéologie islamiste. Une analyse relativement commune, c'est qu'il s'agit d'un effet de la misère sociale, de «dominés» qui se rebellent face aux «dominants». Le journaliste Edwy Plenel, fondateur du site *Mediapart*, analyse par exemple les attentats de janvier 2015 comme étant le fait de monstres que la société française a engendrés : «Ce n'est pas l'islam qui produit ces terroristes, explique-t-il dans une interview au site Bondy Blog. Ces derniers se prétendent de l'islam mais n'ont rien à voir avec l'islam. En revanche, ils sont le produit de toutes les fractures, les déchirures de notre société[1].» Les deux djihadistes pakistanais et suédois qui ont été condamnés pour les attentats du 13 novembre 2015

---

1. Edwy Plenel, «Ces monstres sont le produit de notre société», propos recueillis par Leïla Khouiel, Bondy Blog, 14 janvier 2015.

étaient sans nul doute, eux aussi, des victimes de la société française.

En Amérique du Nord, après la mort de Samuel Paty, les réactions des milieux wokes ont été proprement sidérantes. On se souvient de ce titre incroyable du *New York Times*, le 18 octobre 2020 : «La police tire sur un homme et le tue après une attaque fatale dans la rue». L'attentat n'était même pas évoqué, sans même parler du fait que l'agresseur était islamiste. Le journal traite l'assassinat comme un banal fait divers et met en avant le comportement de la police qui a tué un homme après un banal homicide. Comme si elle ne pouvait être que l'oppresseur, et l'homme abattu que la victime... Certains milieux universitaires et une partie de la presse nord-américaine semblent avoir oublié les attentats du 11 septembre 2001. Beaucoup d'entre eux ont analysé les attaques du 13 novembre 2015 à Paris comme une simple conséquence de la «suprématie blanche». Stéphane Vibert, docteur en anthropologie et professeur titulaire à l'université d'Ottawa, raconte : «Quand j'ai soulevé le cas du Bataclan, on m'a regardé comme si j'étais un extraterrestre : "Tu ne te rends pas compte, tout ça, c'est parce que l'Occident blanc est raciste." Leur grille idéologique est si fermée que des centaines de morts supplémentaires infligées par l'islamisme n'y changeraient rien[1].»

L'inversion victimaire est totale. Des victimes, «racisées» ou musulmanes, ne peuvent être des bourreaux dans la logique antiraciste. Dans le rôle des oppresseurs,

---

1. Stéphane Vibert, «Être en faveur de la liberté d'expression conduit à être considéré comme "raciste"», propos recueillis par Daoud Boughezala, *Le Point*, 27 octobre 2020.

seuls peuvent se retrouver des Blancs, responsables de la ségrégation et de l'esclavage aux États-Unis, et de la colonisation en France. Des Blancs dont la seule porte de sortie est de faire pénitence pour leur racisme « inconscient » et de se rééduquer.

L'essence maoïste du wokisme

Ce n'est pas un hasard si les premiers à tirer la sonnette d'alarme aux États-Unis sont des immigrants chinois naturalisés qui s'inquiètent des phénomènes auxquels ils n'auraient jamais pensé assister dans une démocratie. L'un d'eux, Mike Zhao, est un militant pour les droits civiques dans la communauté asiatique. Dans un livre, il raconte son enfance en Chine pendant la Révolution culturelle et son bonheur d'avoir émigré en Amérique pour échapper à la dictature chinoise[1]. Et il exhorte les Américains à se réveiller face au wokisme, tant il retrouve parfois aujourd'hui dans le mouvement antiraciste les mêmes ingrédients que dans le maoïsme. Bien entendu, l'analogie entre maoïsme et wokisme a ses limites : il n'est pas question de comparer les atrocités de l'histoire chinoise avec ce qui se passe en ce moment aux États-Unis ou en Europe. Et cependant, certains événements actuels rappellent à Mike Zhao une sombre période où l'endoctrinement, la repentance et la dénonciation étaient de mise.

---

1. Mike Zhao, *Critical Race Theory and Woke Culture: America's Dangerous Repeat of China's Cultural Revolution*, Maitland, Liberty Hill Publishing, 2022.

Quand la peur gouverne tout

Dans les années 1960, il grandit dans une famille qui subit la rééducation de la Révolution culturelle de plein fouet. Trente millions de Chinois disparurent en quelques années, dont son père. Lui fut témoin et victime de la malnutrition dans les campagnes chinoises affamées par les purges. Venant d'une famille de propriétaires terriens, il n'était pas du bon côté de l'histoire. Les siens furent considérés comme des ennemis de classe, subirent la torture, les déplacements, le travail forcé et les lavages de cerveau réguliers. Tous ceux qui n'étaient pas vus comme de bons communistes étaient des ennemis du peuple. L'endoctrinement fonctionnait à plein régime. Les dénonciations aussi, parfois au sein même des familles. «Tous les livres, les films, ou les pièces de théâtre relatifs à la culture traditionnelle chinoise furent totalement bannis», explique Mike Zhao. Il fallait «déconstruire le confucianisme». On connaît la suite de l'histoire.

Devenu ingénieur à Pékin, il raconte qu'il est l'un des premiers à dénoncer les agressions sexuelles dans les villes minières côtières et la pollution. Il est dans les années 1980 l'un des promoteurs de la protection de l'environnement en Chine. Il rêve alors de démocratie. Mais ses rêves se brisent un jour de 1989 sur la place Tian'anmen, où il perd l'un de ses amis les plus proches.

Lorsque le jeune homme réussit à sortir de Chine pour s'établir aux États-Unis, il est loin de penser que trente ans plus tard, il retrouvera des mécanismes similaires à l'œuvre dans la société américaine. Les programmes d'*affirmative action*, ou discrimination positive, y sont nés dans les années 1960, dans le sillage de la mobilisa-

L'aubaine antiraciste

tion pour les droits civiques. Ils étaient alors indispensables pour permettre de favoriser les minorités raciales discriminées, en particulier la communauté afro-américaine, qui sortait à peine de la ségrégation. Indispensables, mais pas suffisants, puisque soixante ans plus tard, la « discrimination positive » est toujours à l'œuvre et n'a pas permis de corriger toutes les inégalités, loin de là. Elle est aujourd'hui perçue comme une injustice par la communauté asiatique, qui, malgré ses bons résultats scolaires, ne peut intégrer les meilleures universités.

Mais le sentiment d'injustice ne s'arrête pas là. La « théorie critique de la race », née sur les campus américains, a fait son apparition dans les programmes scolaires des écoles américaines. Selon cette théorie, « tout le système d'oppression blanc est à déconstruire », car les discriminations raciales seraient l'unique facteur explicatif des inégalités sociales. Il ne s'agit plus, dans le raisonnement de ces militants, de s'interroger sur les faits de racisme, mais sur la manière dont le racisme est mobilisé, parfois à l'insu même de ceux qui l'exercent. Toutes les explications alternatives sont évacuées, pour en arriver à établir que le racisme systémique est l'unique grille de lecture permettant d'interpréter les inégalités dans la société. De plus, comme la respiration, le racisme est pratiqué sans le savoir. Seuls ceux qui vivent l'oppression sont habilités à en parler au reste de la société. Le fameux ressenti remplace toute analyse.

Dans les écoles américaines, ce sont les parents qui commencent à tirer la sonnette d'alarme. Pendant la pandémie de Covid, ils ont pour la première fois mis le nez dans les leçons de leurs enfants, car les enseignements se déroulaient en visioconférence. Une journaliste du *Point* était en reportage à Scottsdale, dans l'Arizona, en décembre 2021. Claire Meynial raconte dans son article les inquiétudes d'une mère de famille qu'elle a rencontrée[1]. Heather Rooks lui montre un cours donné à sa fille de douze ans : « Regardez : "Quand as-tu découvert que tu étais blanche ?" Les enfants devaient l'écrire sur une carte. Ils devaient ensuite apprendre les différences et l'empathie en construisant un *sundae* – une coupe glacée. Ils étaient séparés selon le parfum choisi, chocolat ou vanille, et répondaient à des questions : "Mon *sundae* est-il comme celui des autres ? Tout le monde devrait-il le préférer ?" Autre activité à remplir en ligne : "Repère ton privilège : tu vas répondre à des questions sur tes expériences et tu pourras te comparer aux élèves de tout le pays." » Lisa Olson, une mère d'élève, se désole de cette polémique : « C'est du racisme, du fanatisme, de la fragilité blanche », explique-t-elle. La fameuse « fragilité blanche » de Robin DiAngelo…

Dans le comté de Montgomery, dans le Maryland, de la même manière, de nombreux parents ont exprimé leur inquiétude face aux enseignements sur la race et l'ethnicité dispensés dans l'établissement de leurs enfants. C'est l'un des comtés les plus prestigieux en termes d'enseignement public aux États-Unis, avec plus de cent soixante mille élèves. Emily Curtis, qui se présente comme une électrice de Joe Biden, trouve problématique

---

1. Claire Meynial, « Aux États-Unis, la fronde anti-woke fait rage à l'école », *Le Point*, 17 décembre 2021.

L'aubaine antiraciste

que l'école emploie des termes comme «suprématie blanche et racisme systémique[1]». Elle craint que cela ne «dérive dans la classe jusqu'à une division des enfants en groupes raciaux, et que cela ne leur enseigne que leur race décide de leur destin».

Dans douze écoles élémentaires d'Olympia, dans l'État de Washington, ce sont les cours de musique qui vont être supprimés pour «combattre le racisme». Selon les responsables du district scolaire, qui l'ont annoncé lors d'une réunion le 17 avril 2023, la musique «promeut la suprématie blanche» et «une violence institutionnelle significative». Certains parents d'élèves avaient déjà protesté contre la tenue d'un club en *safe space* («espace sécurisé»), interdit aux enfants blancs, dans l'une de ces écoles. Alesha Perkins, mère de trois enfants, s'insurge dans la presse contre «un niveau d'absurdité qu'il est difficile d'ignorer désormais de la part de ces autorités[2]».

Et ce n'est pas un phénomène isolé: la National Education Association, le principal syndicat enseignant aux États-Unis, a reçu le feu vert et les fonds pour promouvoir la «théorie critique de la race» dans les enseignements primaires des cinquante États américains[3]. L'Anti-Defamation League, vénérable institution antiraciste fondée en 1913 à New York, a édité un guide qui est désormais devenu une référence chez les professeurs:

---

1. Hannah Natanson, «How and why Loudoun county became the face of the nation's culture wars», *The Washington Post*, 5 juillet 2021.
2. Vanessa Serna, «Mom-of-three blasts Washington school board for canceling music lessons for fourth grade students because they promote "white supremacy culture and institutional violence"», *Daily Mail*, 26 avril 2023.
3. Alan Goforth, «Teachers union pledges to teach critical race theory in all 50 states», *Metro Voice*, 6 juillet 2021.

«Comment parler de la race à une classe majoritairement blanche?» Les enseignants y sont invités à «définir le privilège blanc comme : "des avantages, des bénéfices et des droits indus, invisibles et non reconnaissables, conférés à des personnes selon leur appartenance à un groupe dominant"[1]».

On pourrait en rire de ce côté-ci de l'Atlantique, mais il importe de prendre ces développements au sérieux.

L'approche des disparités est au cœur du mouvement antiraciste. L'objectif affiché n'est plus d'offrir aux personnes dominées une égalité de droits, mais une égalité de fait. Et quiconque remet en cause le présupposé racial risque gros. Ce qui s'est passé en 2017 à l'université Evergreen l'illustre parfaitement. Près de Seattle, dans l'État de Washington, un professeur a osé contester ce qu'il percevait comme une initiative raciste. Dans les années 1970, un événement avait été mis en place sur ce campus. Une journée d'absence choisie par les personnels issus des minorités ethniques, pour montrer à quel point leur travail était crucial pour l'université, bien qu'il soit invisible. Au mois d'avril, certains professeurs et étudiants passaient volontairement une journée en dehors des murs de l'université. Ce temps, pour les présents comme pour les absents, était dédié à réfléchir aux discriminations raciales.

En 2017, la direction de l'université décide de faire l'inverse. Désormais, le campus sera réservé pendant une journée aux minorités. Les personnes blanches sont

---

1. «How should I talk about race in my mostly white classroom», Anti-Defamation League, 6 septembre 2017.

invitées à ne pas venir. Là où le bât blesse, c'est que, comme l'explique la journaliste Bari Weiss, même si l'initiative est encore basée sur le volontariat, les Blancs qui se risqueraient à venir sur le campus ce jour-là seraient immédiatement identifiés comme hostiles, donc comme racistes[1]. Et cela change tout.

Bret Weinstein est professeur de biologie dans l'établissement. Il est aussi un fervent démocrate qui soutient le mouvement *Occupy Wall Street* et Bernie Sanders, le candidat de la gauche progressiste américaine. L'enseignant avance l'idée que l'esprit de la journée serait dévoyé par cette nouvelle directive. Un jour où les personnes blanches seraient encouragées à ne pas venir sur le campus serait selon lui discriminatoire, voire raciste, car ceux qui ne suivraient pas cette incitation se définiraient eux-mêmes comme des ennemis de la cause antiraciste. À la fin du mois de mai 2017, la situation s'envenime. Bret Weinstein est pris à partie par des étudiants qui le traitent de raciste. Les insultes qui fusent ensuite coupent court à toute tentative de débat. Le professeur est obligé de quitter le campus sous les huées[2]. Sa sécurité, ainsi que celle de sa femme, elle aussi employée par l'université, ne pouvant être assurée, le couple ne reviendra jamais et touchera deux ans de salaire pour tout dédommagement. «Ma femme et moi avons eu le sentiment d'être aspirés, en mai 2017, par une tornade qui ne nous a toujours pas redéposés au sol. Nous avons vécu une sorte d'avant-première du chaos qui venait. Evergreen

---

1. Bari Weiss, «When the left turns on its own», *New York Times*, 1er juin 2017.
2. Marianne Grosjean, «Une vidéo raconte les dérives idéologiques d'une université américaine», *La Tribune de Genève*, 10 juillet 2019.

est aujourd'hui partout[1] », explique-t-il dans un entretien avec *Le Figaro* en 2020.

Bien sûr, cette violence n'est absolument pas comparable aux tribunaux auxquels Mike Zhao fait référence dans la Chine populaire de son enfance, mais cette mise au pilori publique par une foule haineuse fait écho dans sa mémoire au traumatisme subi par sa famille sous le règne de Mao Tsé-toung après la Révolution culturelle. Même si les conséquences des agissements de ces nouveaux justiciers n'ont rien à voir avec les atrocités qui ont été commises en Chine, l'utopie racialiste demandant une égalité réelle immédiate produit aussi son endoctrinement. La différence, c'est que la lutte des races a remplacé la lutte des classes.

Reconnaître les erreurs du passé et s'en repentir

L'idée d'un péché originel de l'homme blanc est très marquée en Amérique du Nord dans le mouvement antiraciste, qui s'appuie sur des concepts comme la «théorie pour la justice sociale» ou la «théorie critique de la race». L'esclavage, qui a marqué la société américaine, devient par la grâce de ces «penseurs» consubstantiel à la «blanchité» ou à l'«identité blanche». À chaque étape du raisonnement racialiste, peu importe la vérité historique, puisque l'histoire elle-même a été écrite par des Occidentaux, donc des dominants, des

---

1. Bret Weinstein, «Tant qu'on n'affronte pas la gauche "woke", on ignore combien elle est dangereuse», propos recueillis par Laure Mandeville, *Le Figaro*, 17 décembre 2020.

L'aubaine antiraciste

Blancs. Pourtant, d'éminents historiens ou anthropologues, comme Tidiane N'Diaye par exemple, ont produit de nombreux travaux montrant que la traite des esclaves avait aussi eu lieu à l'intérieur même de l'Afrique[1]. Il est vrai que la plus notable, la traite arabo-musulmane, n'a pas laissé d'énormes traces dans le présent, les esclaves noirs ayant pour la plupart subi une stérilisation forcée, contrairement aux esclaves d'Amérique du Nord, qui ont eu une descendance.

Grâce aux théories de la race, on peut désormais tout expliquer. Et surtout le péché originel de l'homme blanc, duquel ses descendants doivent se repentir, car, aujourd'hui encore, c'est grâce à ce péché que les Blancs sont privilégiés. C'est ce qu'on appelle le «privilège blanc», selon Robin DiAngelo, devenue la papesse du racialisme. En cela, les mouvements antiracistes contemporains ne sont pas dans la continuité de ceux pour les droits civiques des années 1960. Les droits civiques sont concrets, mesurables, inscrits dans la loi. Contrairement au droit de vote, le concept de blanchité n'est pas mesurable. On peut ainsi tout lui faire dire, et son contraire aussi. Le philosophe des sciences Karl Popper a montré que le critère de démarcation scientifique est celui de la réfutabilité[2]. Pour qu'une théorie puisse être considérée comme scientifique, elle doit pouvoir être testée et tolérer la critique. Tous ces concepts qui commencent à vampiriser le débat public n'ont rien de scientifique, et tout de nouvelles croyances vaporeuses.

---

1. Tidiane N'Diaye, *Le Génocide voilé : enquête historique*, Paris, Gallimard, 2008.
2. Karl Popper, *La Connaissance objective*, Paris, Flammarion, 1998.

Revenons un instant sur ces termes un peu jargonneux : «blanchité», «patriarcat»... Ils font partie d'un système autoréférentiel. Les utiliser, comme l'écriture inclusive, c'est se reconnaître entre soi. Cela ne veut pas dire, encore une fois, que le racisme n'existe pas. Néanmoins, il y a une erreur méthodologique de départ puisque ces concepts sont établis comme vrais, peu importe leur utilité quantifiable, pour interpréter un certain nombre de phénomènes sociaux. L'important est d'y croire, de manière quasi mystique. «Le patriarcat explique ceci, le racisme systémique explique cela, ça ressemble beaucoup à une approche complotiste», explique Olivier Moos, chercheur à l'institut Religioscope de Fribourg, en Suisse. «Cela relève plus de la catégorie de la croyance que d'outils qui servent à expliciter le monde réel. Par définition, ce sont des acteurs qui agissent, pas un système[1].» Selon lui, il n'y a pas une volonté ouverte de fabriquer du faux, mais les présupposés ne sont jamais remis en question alors qu'ils sont tout simplement fallacieux. Qui plus est, exprimer un point de vue différent constitue une offense, et l'endroit où on l'exprime devient *unsafe* («risqué»), et non plus un *safe space* («espace sûr»). Le résultat est simple : le processus aboutit à réduire toute voix discordante au silence. Il n'y a qu'une manière de voir les choses ; ceux qui ne sont pas d'accord doivent se taire.

Qu'il y ait eu historiquement un racisme systémique aux États-Unis n'est pas contestable. Qu'il soit l'unique facteur

---

1. Olivier Moos : «Le wokisme, nouvel opium des intellectuels», 15 novembre 2021, *Liberté académique #71*, accessible sur https://www.youtube.com/watch?v=mxdiSJyDBjA

L'aubaine antiraciste

explicatif de toutes les inégalités sociales contemporaines, c'est autre chose. «Corriger une croyance erronée quand on a investi beaucoup d'énergie et de conviction dedans est particulièrement difficile», ajoute Olivier Moos. Surtout quand cette croyance devient aussi largement partagée, que ce soit dans les universités ou les journaux. Ses adeptes vivent dans une sorte de «metaverse», une réalité alternative où ils se sentent bien, mais où ils sont totalement déconnectés de la réalité du monde. Le *New York Times*, vénérable institution de la presse américaine, n'y échappe pas. Le journal a par exemple lancé le «projet 1619» visant rien de moins qu'à modifier l'enseignement de l'histoire américaine, en faisant remonter sa fondation non plus à 1492, date de la découverte de l'Amérique par Christophe Colomb, mais à 1619, date de l'arrivée des premiers esclaves noirs sur le sol américain. Nikole Hannah-Jones, journaliste au célèbre quotidien, explique ainsi le but de ce projet : «Reconsidérer l'histoire des États-Unis en plaçant les conséquences de l'esclavage et les contributions des Noirs américains au cœur du récit national[1].» On aurait pu tout autant choisir le sacrifice des Indiens d'Amérique exterminés à l'arrivée des premiers colons européens, et pendant les années de la conquête de l'Ouest, mais ce ne sera pas pour cette fois...

Une histoire de révisionnisme parmi d'autres, qui, on s'en souvient, ont conduit à un mouvement transatlantique de déboulonnage de statues. Aux États-Unis, le premier à en avoir fait les frais fut Christophe Colomb. Suivirent

---

1. Nikole Hannah-Jones, *The 1619 Project: a New Origin Story*, New York, Random House, 2021.

Quand la peur gouverne tout

les statues des présidents Theodore Roosevelt et Abraham Lincoln, accusés de collusion avec les esclavagistes. En Grande-Bretagne, la statue de Winston Churchill s'est vue affubler sur son socle de l'inscription « était un raciste » en juin 2020. En France, la statue de Colbert, initiateur du Code noir, a été maculée de peinture rouge devant l'Assemblée nationale. L'ancienne ministre de Nicolas Sarkozy, Rama Yade, avoua se sentir « micro-agressée[1] » lorsqu'elle passait devant...

L'esclavage a certes transité largement par l'Europe grâce au commerce triangulaire, mais un autre péché originel est encore plus à même de faire battre leur coulpe aux Européens : le colonialisme. Un colonialisme très intéressant en ce qui concerne la France tout particulièrement, car les « victimes » du colonialisme hexagonal sont en grande partie musulmanes.

---

1. Micro-agression : « action ou parole, d'apparence souvent banale, pouvant être perçue comme blessante ou offensante, généralement par une personne faisant partie d'un groupe minoritaire ». Définition d'Hélène Cajolet-Laganière, Pierre Martel et Chantal-Édith Masson, avec le concours de Louis Mercier, Usito/université de Sherbrooke (Québec).

3

Un nouveau progressisme... identitaire

Je crois que leur pensée est nulle. Je vois deux raisons possibles à cette nullité. D'abord, ils procèdent par gros concepts, aussi gros que des dents creuses. LA loi, LE pouvoir, LE maître, LE monde, LA rébellion, LA foi, etc. Ils peuvent faire ainsi des mélanges grotesques, des dualismes sommaires, la loi et le rebelle, le pouvoir et l'ange. En même temps, plus le contenu de pensée est faible, plus le penseur prend de l'importance, plus le sujet d'énonciation se donne de l'importance par rapport aux énoncés vides[1].

Déconstruire les rapports de domination

C'est l'histoire d'un aller-retour transatlantique, une opération d'import-export, à cinquante ans d'intervalle.

---

[1]. Gilles Deleuze, « À propos des nouveaux philosophes et d'un problème plus général », supplément de *Minuit*, mai 1977 (*Deux régimes de fous. Textes et entretiens 1975-1995*, Paris, Minuit, 2003.)

Quand la peur gouverne tout

Dans les années 1970, des intellectuels français comme Jacques Derrida, Gilles Deleuze ou Michel Foucault font fureur sur les campus américains. Derrida, «philosophe abscons» selon le *New York Times*[1], est difficile à comprendre pour qui ne brille pas dans le maniement des idées philosophiques de haut vol. Mais tentons tout de même de simplifier, les puristes nous pardonneront. Nous espérons que cela permettra à tout un chacun de comprendre un peu mieux ce que Sandrine Rousseau, députée du parti écologiste, voulait dire quand elle s'était réjouie de vivre avec un homme «déconstruit[2]».

La déconstruction – qui est aujourd'hui devenue un synonyme un peu abusif de wokisme – est un concept que Jacques Derrida a emprunté principalement au philosophe allemand Martin Heidegger. Au départ, Derrida parlait de littérature : il fallait prendre les textes, les déstructurer, en faire apparaître les points aveugles. Le but était de mettre l'accent sur ce qui était occulté, de lire entre les lignes. Derrida a ensuite procédé à une extension de la déconstruction aux institutions, travaillées selon lui par les non-dits. Pour simplifier, sa philosophie de la déconstruction ne prend plus seulement en compte l'objet étudié, mais aussi la personne qui fait l'analyse, et le contexte.

Les universitaires américains vont s'approprier le concept de Derrida, mais en le remaniant et en le remodelant à leur manière. Pour eux, la déconstruction, c'est

---

1. Jonathan Kandell, «Jacques Derrida, abstruse theorist, dies in Paris at 74», *The New York Times*, 10 octobre 2004.
2. Nicolas Journet, «Un homme "déconstruit"», *Sciences humaines*, n° 347, mai 2022.

montrer que des catégories binaires structurent nos manières de penser. Par exemple, la nature et la culture, l'homme et l'animal, ou le corps et l'esprit... Et dans ces couples, l'un domine l'autre, parce que nous avons appris à penser ainsi.

Interprétant de manière caricaturale l'intellectuel français Michel Foucault, les penseurs de la déconstruction vont partir du principe que tout savoir est un pouvoir. Et que ce pouvoir cacherait en réalité une domination sur l'autre. Il faudrait donc, pour avancer, « déconstruire » ces catégories de domination, et partant « déconstruire » ces savoirs. Un « homme déconstruit » aurait donc compris qu'il se trouvait dans un rapport de domination à l'intérieur de son couple et travaillerait sur lui-même pour y remédier. Les philosophes de la déconstruction vont aussi s'inspirer des travaux du sociologue français Pierre Bourdieu, qui avait élaboré une sociologie du dévoilement de la domination.

Plus largement, dans l'Amérique des années 1980, la *French Theory* («théorie française») va devenir une manière de contester le pouvoir dominant, la norme, et de mettre en avant toutes les différences. Ces concepts, qui étaient restés un peu marginaux dans le monde universitaire français, vont devenir rois aux États-Unis. La *French Theory* va ensuite irriguer, à l'étape suivante, le nouveau courant antiraciste, en devenant une théorie de la déconstruction de la « blanchité » et des privilèges.

Quand la peur gouverne tout

De l'antiracisme US au décolonialisme européen

Après les émeutes de 2005, la diplomatie américaine s'intéresse aux banlieues françaises. Elle cherche à y créer des réseaux et à développer son influence à travers des programmes d'échanges. Une certaine Rokhaya Diallo, parmi beaucoup d'autres, bénéficie d'un programme d'études aux États-Unis en 2010. Elle est depuis lors devenue l'égérie française du mouvement antiraciste. Elle voyage toujours régulièrement aux USA, où elle discourt sur le racisme et «l'islamophobie» en France. Maboula Soumahoro est un autre exemple d'universitaire passée par les États-Unis. Moins connue que Rokhaya Diallo, elle est également devenue une militante «racialiste», après avoir obtenu une bourse d'études à l'université Columbia de New York. Née en banlieue parisienne dans une famille de sept enfants, originaire de Côte d'Ivoire, elle dit elle-même qu'«elle ne savait pas quoi faire de cet héritage, d'autant qu'il n'est pas valorisé en France». Maboula Soumahoro se place sur le créneau identitaire dès sa thèse soutenue en 2008 à Tours[1]. Pour elle, comme pour les militants antiracistes wokes américains, «la question raciale structure tout». Et inutile de mettre en doute la véracité de cette prémisse : l'universitaire dit elle-même avoir renoncé à «la distance dite critique et à l'illusion de l'objectivité scientifique[2]».

---

1. Maboula Soumahoro, «La couleur de Dieu? Regards croisés sur la Nation d'islam et le rastafarisme 1930-1950», thèse soutenue le 30 juin 2008 à l'université de Tours.
2. Séverine Kodjo-Grandvaux, «Livre : Maboula Soumahoro explore la "charge raciale"», *Le Monde*, 2 février 2020.

Un nouveau progressisme... identitaire

Comme le Coca-Cola ou le chewing-gum, les idées et les hommes ont donc traversé l'Atlantique pour arriver en Europe, grâce à ce type de programmes, ainsi qu'aux échanges universitaires. Ironie de l'histoire, la *French Theory*, la philosophie française de la déconstruction, qui était restée marginale dans le monde académique hexagonal, revient transformée dans les universités européennes, comme un boomerang fou. Mais un détail doit cependant être adapté. En Europe, rares sont les populations qui descendent directement d'esclaves. Il faut donc trouver un autre concept que celui de l'esclavage pour que la greffe prenne : ce sera celui du décolonialisme, qui conviendra mieux au Vieux Continent.

C'est là où les choses se compliquent un peu : le décolonialisme vient lui aussi d'Amérique, mais d'Amérique latine, où beaucoup de mouvements contestent l'impérialisme nord-américain depuis les années 1960. Le décolonialisme va devenir un concept clé pour permettre à certains intellectuels européens de transposer l'antiracisme de ce côté-ci de l'Atlantique. « La montée de ce champ d'étude, explique le chercheur Pierre-François Mansour[1], favorise une confusion entre le milieu universitaire et le militantisme politique. La caution universitaire permet de légitimer scientifiquement les luttes et les concepts produits par les militants décoloniaux ; le militantisme offre au chercheur, qu'il soit "racisé" ou non, la légitimité de travailler sur ces thématiques aux yeux des autres militants. »

---

1. Pierre-François Mansour, « La "question décoloniale" et l'islamisme : universités, quartiers populaires et milieu militant », dans Bernard Rougier (dir.), *Les Territoires conquis de l'islamisme*, Paris, PUF, 2021.

Des universitaires américains postulent que la «race» est une construction sociale qui explique toutes les inégalités? Des militants européens en diront de même, ajoutant que le colonialisme persiste dans les mentalités européennes aujourd'hui. En Europe, les populations «racisées» sont en effet principalement issues des anciens peuples colonisés, en particulier musulmans, et non de l'esclavage. On remplacera donc «esclavage» par «colonisation», une colonisation toujours présente dans les esprits blancs... Ce qui permet de transposer sans trop de mal le «privilège blanc» grâce auquel Robin DiAngelo, l'auteure qui a popularisé le concept, est devenue millionnaire...

En France tout particulièrement, les décoloniaux décrivent un État qui revivrait en permanence la guerre d'Algérie, et qui serait conditionné par son passé colonial pour faire le mal. Cette idée accompagne et renforce le discours islamiste qui cherche à discréditer l'État ; elle délégitime toute participation à ses institutions, sauf à transformer celles-ci de l'intérieur pour ceux qui privilégient l'entrisme. Elle permet aussi de construire une catégorie pour y enfermer les musulmans, que l'on essentialisera en les plaçant dans la case «victimes de racisme systémique», ce dont les mouvements intégristes profiteront *in fine*.

Même si le wokisme n'est pas encore aussi prédominant en Europe qu'en Amérique du Nord, on retrouve à présent les mêmes postulats des deux côtés de l'Atlantique : les rapports sociaux sont analysés de manière majoritairement binaire, entre dominants, c'est-à-dire descendants de colons, et dominés, héritiers de peuples colonisés. Par la grâce de la fée narration, l'histoire de la France et de l'Europe va pouvoir être réinterprétée à travers ce prisme.

Un nouveau progressisme… identitaire

L'émiettement des identités

Tout n'est évidemment pas inintéressant dans ce qui sort des universités américaines et désormais européennes. Il n'est pas question de jeter aux orties les productions émanant des *studies*, ces nouvelles études venues des facultés de sciences humaines. Le mouvement des recherches postcoloniales (à ne pas confondre avec «décoloniales») est apparu aux États-Unis dans les années 1980, en parallèle de la *French Theory*, inspirée, on l'a vu, des philosophes français. Dans le jargon universitaire, on appelle aussi cela les «théories littéraires de la postmodernité».

L'un des auteurs phares qui a marqué ce champ d'étude est un Français : c'est l'écrivain martiniquais Frantz Fanon. Avec ses ouvrages, *Peau noire, masques blancs*, écrit en 1952, et *Les Damnés de la terre*, en 1961, il va marquer plusieurs générations de lecteurs. Pendant la Seconde Guerre mondiale, Frantz Fanon s'engagea dans l'armée française de libération à la suite du ralliement des Antilles françaises au général de Gaulle. Il prit ensuite fait et cause pour le mouvement indépendantiste en Algérie et dénonça les ravages de l'impérialisme sur les sociétés colonisées. Beaucoup de ceux qui luttèrent pour l'indépendance de leur pays se sont inspirés de Frantz Fanon. Ses réflexions portent sur la violence subie par les peuples colonisés, sur les rapports entre colonisés et colonisateurs, et sur les représentations coloniales de la culture et de l'identité… Frantz Fanon, et le courant d'études qui s'en inspire, cherche à disséquer les mécanismes de la domination coloniale.

Quand la peur gouverne tout

Ces études culturelles postcoloniales ne sont pas sans intérêt, par exemple lorsque l'on examine la littérature des peuples autochtones, ou les interactions entre les cultures occidentales et celles d'Afrique ou d'Asie ; ou encore la littérature féministe provenant des anciennes colonies. L'un des textes les plus célèbres des études postcoloniales est d'ailleurs celui de la philosophe indienne Gayatri Chakravorty Spivak, paru en 1988. Elle dénonce, dans *Les subalternes peuvent-elles parler ?*[1], l'invisibilisation du discours des femmes du tiers-monde, dominées par le patriarcat de leur pays, et aussi par les féministes occidentales[2].

Progressivement, des identités auparavant dominées, colonisées, vont être mises en avant. Et puis, un autre concept, théorisé par l'Américaine Kimberlé Crenshaw, traverse lui aussi l'Atlantique : celui d'intersectionnalité. En clair, il signifie qu'il existe différentes oppressions qui se cumulent, comme si elles se rencontraient à un carrefour routier. On se trouve alors au croisement des intersections… On peut donc être plusieurs fois victime en tant que personne de couleur, femme, homosexuelle, ou personne transgenre (nous y reviendrons), mais aussi en tant que population issue d'un pays anciennement colonisé, donc en tant que musulman ou identifié comme tel… Des identités particulières qui forment autant de minorités défavorisées. Une femme noire et lesbienne, par exemple, cumulerait selon la théorie intersectionnelle

---

1. Gayatri Chakravorty Spivak, *Les subalternes peuvent-elles parler ?*, traduit de l'anglais par Jérôme Vidal, Paris, Éditions Amsterdam, 2020 (2006).
2. Fred Poché, « La question postcoloniale au risque de la déconstruction : Spivak et la condition des femmes », *Franciscanum*, vol. LXI, n° 171, 2019.

trois critères de domination. Les nouvelles luttes pour la justice sociale se dérouleront donc à partir de ces identités émiettées. La responsabilité individuelle est mise de côté, au profit des identités, des communautés auxquelles se rattachent les individus. Ce nouveau progressisme propose donc une forme d'assignation identitaire, *via* un émiettement du corps social façon puzzle...

En France, certains intellectuels prennent le relais de Kimberlé Crenshaw pour transposer ces thématiques à l'histoire européenne. C'est le cas par exemple d'Éric Fassin, professeur de sociologie à l'université de Paris 8. «Importer le concept, écrit-il, revient à le traduire dans un contexte différent : en France, l'enjeu n'est plus, comme aux États-Unis, l'invisibilité des femmes noires à l'intersection entre féminisme et droits civiques ; c'est plutôt l'hypervisibilité des femmes voilées qui est constituée en problème au croisement de l'antisexisme et de l'antiracisme[1].» Dans un autre article, l'universitaire montrait ainsi comment adapter le combat antiraciste américain lié à l'esclavage au continent européen, en utilisant le décolonialisme et l'islam : «La "question raciale" prend en effet la forme, en France mais aussi en Europe, et au-delà, de "questions sexuelles" au premier rang desquelles on trouve les deux figures, inséparablement racialisées et genrées, du "garçon arabe" et de la jeune musulmane, du violeur et de la voilée. Tel est l'enjeu de la traduction française de l'intersectionnalité ;

---

[1]. Éric Fassin et Mara Viveros Vigoya, «Intersectionnalité», dans *Manuel indocile de sciences sociales*, Fondation Copernic (dir.), Paris, La Découverte, 2019.

telle est la réalité à laquelle renvoie d'abord l'irruption du concept[1]. »

Un jargon universitaire qui mérite d'être éclairci... Au-delà de véhiculer des clichés (sous couvert de les dénoncer) qui feraient que les jeunes hommes descendant de l'immigration seraient naturellement considérés comme des violeurs et les jeunes filles des quartiers, forcément musulmanes, forcément voilées, et donc forcément stigmatisées par les «dominants», car «racisées», ce courant militant introduit les croyants musulmans dans la catégorie des minorités qui se trouveraient de fait à placer au cœur des luttes intersectionnelles. La «jeune musulmane voilée» est vue comme une victime, et elle devra être défendue en tant que telle. Peu importe que le voile devienne une *abaya*, voire un *jilbab*, une tenue d'origine saoudienne, au fil des années, et que sa signification renvoie à une infériorisation de la femme. Au nom de la défense des identités minoritaires et opprimées, les personnes choisissant de porter ce vêtement seront rangées automatiquement dans la catégorie des «racisées» ou des «colonisées»; et l'oppresseur sera inévitablement blanc. Selon la théorie intersectionnelle, des femmes voilées ne peuvent être victimes du système patriarcal islamiste, car le dominé ne produit pas de forme d'oppression. Celle-ci est l'apanage des dominants, donc des Blancs. Le phénomène du patriarcat islamiste sera simplement absent des schémas de pensée décoloniale, comme s'il n'existait pas, comme si différents

---

1. Éric Fassin, «D'un langage l'autre : l'intersectionnalité comme traduction», *Raisons politiques*, n° 58, 2015.

courants rétrogrades à l'intérieur de l'islam n'étaient pas à l'œuvre dans de nombreux pays, et désormais en Europe, depuis des dizaines d'années. De cela, les nouveaux militants antiracistes n'ont cure. Mais les courants islamistes, eux, vont pouvoir tirer profit de cette «invisibilisation».

Comment le mouvement décolonial flirte avec l'islamisme

Au croisement des militantismes décoloniaux et islamistes, on trouvera ainsi en France deux organisations particulièrement actives : le Parti des indigènes de la République (PIR) et le comité Adama.

Le premier est une association et un parti politique créé en 2005 par Houria Bouteldja et Youssef Boussoumah. Nul ne dira ici que ses membres prônent un islam politique. Mais la logique identitaire qu'ils défendent fera le bonheur des fondamentalistes. Tariq Ramadan, tête de pont des Frères musulmans en Europe, signera d'ailleurs l'appel fondateur des Indigènes de la République un mois après sa parution, et le site Oumma.com le relaiera largement. Les indigénistes s'engagent spontanément en faveur du voile à l'école ; ils dénoncent une laïcité devenue une «coquille vide», qui ne sert selon eux qu'à stigmatiser la population musulmane. Les débats de société autour du voilement des femmes ne seraient que la marque du racisme et de la xénophobie. Selon ces militants, l'intégrisme serait un pur fantasme d'extrême droite. La «radicalisation» tiendrait lieu d'interprétation des éruptions de violence djihadistes. Et pour le côté ouvert, on repassera. Houria Bouteldja est en effet plus que réservée sur le mariage mixte : « La perspective décoloniale, explique-t-elle, c'est d'abord de nous aimer nous-même, de nous accepter, de nous marier avec une musulmane ou un musulman, un Noir ou une Noire[1]. »

Le concept intersectionnel revendiqué par le PIR est particulièrement bienvenu pour les islamistes car c'est un fourre-tout : on peut en effet y placer toutes les discriminations auxquelles on n'avait pas pensé avant. L'islamophobie, par exemple... D'autant que ce qui compte, dans le mouvement antiraciste, ce ne sont pas les chiffres, mais le ressenti. Les discriminations sont autodéclaratives, il suffit qu'une personne, ou un groupe, décrète qu'il est discriminé ou qu'il se sente discriminé, et il rejoindra la cohorte déjà longue des dominés.

Le comité Adama, lui aussi, se place aux confluences de ce nouvel antiracisme acclimaté à la sauce intersectionnelle et du militantisme islamiste. Deux jours après la mort de Samuel Paty, une affiche est montrée place de la République par trois personnes, dont Assa Traoré, qui la poste sur les réseaux sociaux. La pancarte mentionne le nom de l'enseignant assassiné sur lequel des gouttelettes rouges ont été éparpillées et l'expression suivante écrite : « Mort en saignant. » Un jeu de mots d'un goût extrêmement douteux, qui entre ces mains pourrait faire penser à un clin d'œil complice. Les mêmes, qui ont

---

1. https://indigenes-republique.fr/revendiquer-un-monde-decolonial-entretien-avec-houria-bouteldja/

Un nouveau progressisme... identitaire

des pudeurs de gazelle lorsque des journaux satiriques comme *Charlie Hebdo* représentent le prophète Mahomet, n'hésiteront pas à brandir cette pancarte lors d'une manifestation en hommage à un professeur décapité deux jours plus tôt, et à le faire savoir.

Assa Traoré est la sœur d'Adama Traoré. Depuis la mort dramatique de son frère, en 2016, à la suite de son arrestation par la gendarmerie, elle a entamé une procédure judiciaire à rallonge pour meurtre. Adama Traoré était un délinquant multirécidiviste, dont l'un des codétenus, qui l'accusait d'agression sexuelle, a été indemnisé pour cela[1]. Le 19 juillet 2016, il avait tenté à tout prix d'échapper à une interpellation avec son frère. À ce jour, aucun élément n'a permis à la justice d'entamer des poursuites contre les trois gendarmes ayant procédé à son arrestation. Le décès d'Adama Traoré serait dû, selon la dixième expertise demandée en six ans, à une asphyxie un jour de forte chaleur, à la suite d'une longue course-poursuite et d'un placage ventral.

Après la mort de George Floyd aux États-Unis, le comité Adama a importé la thématique américaine sur les violences policières avec un certain succès. Assa Traoré a établi un parallèle avec le décès de son frère, qui serait dû à un «meurtre raciste» de la part d'une institution, la gendarmerie, dans laquelle le racisme serait «systémique». Selon le magazine *Time*, qui l'honore en une

---

1. La «matérialité des faits» (de viol d'Adama Traoré sur son codétenu) a été «établie» selon le tribunal de Pontoise, mais le comité Adama attaque en justice quiconque évoque ces allégations de viol. *Cf.* Samuel Laurent, «Un ex-codétenu d'Adama Traoré, qui l'accusait d'agressions sexuelles, indemnisé par une commission», *Le Monde*, 24 juillet 2020.

comme personnalité de l'année en 2020, elle est la
« porte-parole française du mouvement contre les violences policières[1] ». L'année suivante, elle signe un partenariat avec la marque de chaussures de luxe Louboutin.
Et le business victimaire ne s'arrête pas là. Le comité Vérité et justice pour Adama, ou comité Adama, est un modèle du genre. Créé en 2016, il a perçu, rien qu'en ligne, plus de deux cent cinquante mille euros de dons depuis le 17 décembre 2017, les dons s'échelonnant entre un euro et 5 000 euros. Pour la seule journée du 2 juin 2020, après la mort de George Floyd aux États-Unis, le comité a récolté quarante-sept mille euros. Parmi les donateurs, certains sont connus, comme le philosophe Étienne Balibar, l'universitaire Éric Fassin, le cinéaste Dominik Moll ou encore l'écrivain Didier Eribon.

Officiellement, l'argent récolté est « destiné à payer les frais de justice de la famille Traoré », selon les organisateurs, qui expriment leur reconnaissance aux généreux donateurs sur leur page d'accueil : « Nous tenons à vous remercier également pour vos dons, qui nous aident à faire face aux nombreux frais de justice. » L'avocat de la famille Traoré, maître Yassine Bouzrou, était aussi l'avocat de Tariq Ramadan. Il affirme avoir renoncé à défendre ce dernier lorsqu'il a été mis en examen pour viols, ce que dément Tariq Ramadan[2].

---

1. Vivienne Walt, « How Assa Traoré became the face of France's movement for racial justice », *Time*, 11 décembre 2020.
2. Selon Tariq Ramadan, petit-fils d'Hassan al-Banna, fondateur du mouvement des Frères musulmans en Égypte, c'est l'inverse : « Ce n'est pas moi qui suis allé chercher maître Bouzrou, que je ne connaissais pas du tout, mais bien lui qui m'a offert ses services en m'expliquant, avec franchise, ses deux raisons : "Je sais que vous êtes innocent et l'affaire aura un retentissement

Un nouveau progressisme... identitaire

Youcef Brakni, le porte-parole du comité Adama, était également un sympathisant du prédicateur suisse. Originaire de Bagnolet, l'homme faisait en 2012 tribune commune[1] avec Tariq Ramadan, et Marwan Muhammad, le président du CCIF[2], dissous après la mort de Samuel Paty. Il est aussi un ancien membre du Mouvement islamique de libération[3]. En 2015, ce mouvement appelait à faire sécession avec la République, comme en témoigne sa charte fondatrice, dans le paragraphe 7 par exemple : «Préserver notre identité spirituelle, culturelle et civilisationnelle islamique contre les politiques de dépersonnalisation et d'assimilation promues par l'État français et ses appareils idéologiques (écoles, médias, etc.).» L'insertion dans la communauté mondiale des croyants, en opposition avec l'intégration républicaine, est très claire : «Seules cette auto-organisation et cette autonomie peuvent assurer l'autodétermination de notre *oumma*. [...] Ainsi, nous respecterons l'injonction d'Allah : "Ô les croyants ! Si vous obéissez à ceux qui ne croient pas, ils vous feront retourner en arrière. Et vous reviendrez perdants." (Coran 3:149)[4].»

médiatique." Dans la mesure où, contrairement à ce qu'il prétend, je n'ai jamais eu d'agence de communication, chacun comprendra aisément que son éviction du dossier ne procédait pas de son choix.» Page Facebook de Tariq Ramadan, 7 février 2021.
1. Réunion intitulée «Justice sociale, Palestine et islamophobie», Espace Jean-Couty, Lyon, 11 mars 2012.
2. CCIF : Comité contre l'islamophobie en France. Association française créée en 2003 et dissoute en 2020.
3. Sollicité dans le cadre de l'écriture de cet ouvrage, Youcef Brakni n'a pas répondu à nos questions.
4. https://mouvementislamiqueliberation.wordpress.com/2015/06/12/charte-en-10-points-du-mouvement-islamique-de-liberation/

Plus largement, il a existé des liens organiques entre militants décoloniaux et mouvements djihadistes dès les années 2010, comme l'explique Pierre-François Mansour : « Cette corrélation se vérifie en Belgique, à l'intérieur même du monde universitaire et estudiantin. Au sein d'un groupe fondé à l'Université libre de Bruxelles (ULB) par le militant Souhail Chichah, certains étudiants passent progressivement du décolonialisme au djihadisme (leurs sympathies se tournent plutôt du côté d'Al-Qaïda que de l'État islamique). [...] Les sympathisants d'Al-Qaïda venaient chercher dans l'extrême gauche décoloniale une information et des argumentaires "athées" sur l'islamophobie ou la question palestinienne. L'université devient paradoxalement le lieu de rencontre de militants de rupture venus de tous les horizons, permettant, dans certains cas, la "convergence des luttes" entre causes décoloniales et islamistes[1]. » Une convergence des luttes qui sert sur un plateau des arguments aux religieux intégristes. « Après s'être autoproclamés déshérités, écrit le grand reporter Jean-Paul Mari, les islamistes se présenteront en martyrs des droits de l'homme – symbole cyniquement récupéré d'une démocratie qu'ils veulent pourtant abolir – puis comme les cibles d'un racisme pur et simple et, enfin, comme les dignes héritiers des peuples colonisés. Écrasés, hier et aujourd'hui par l'oppresseur colonial. Du respect à la reconnaissance historique, on est passé à la petite musique sacrée de la repentance collective. Le mouvement indigène et déco-

---

1. Pierre-François Mansour, *op. cit.*

Un nouveau progressisme... identitaire

lonial, boomerang de l'histoire, leur ouvre un boulevard[1]. »

La discrimination, le racisme et l'oppression dont seraient systématiquement victimes les personnes issues de l'immigration sont donc de bien belles postures pour la vitrine décoloniale, mais en coulisses, c'est une tout autre idéologie, islamiste celle-là, qui mène le bal.

Une nouvelle génération d'islamistes qui maîtrise les codes wokes

«Islamisme» et «wokisme» : on pourrait penser à priori que ces deux notions sont oxymoriques, comme le progressisme identitaire ou l'antiracisme raciste. Mais certains militants faisant partie des mouvements islamistes présents en Europe et en Amérique du Nord depuis une soixantaine d'années ont bien compris que ce nouveau courant d'idées qui se répand comme une traînée de poudre depuis les universités américaines est avant tout une opportunité pour faire avancer leur cause, sur un temps long.

L'islamisme est une idéologie d'abord née en réaction au colonialisme, dans la première moitié du XXe siècle. Elle impute aux pays colonisateurs une grande partie des maux du monde musulman. Inutile de souligner que la tendance «woke» à blâmer la «blanchité» ainsi que la supposée tendance dominatrice de l'homme blanc ne peut que convenir aux zélotes de l'islam politique.

---

1. Jean-Paul Mari, *Oublier la nuit*, Paris, Buchet-Chastel, 2022.

Quand la peur gouverne tout

Les différents courants qui prônent un retour à la pureté de l'islam des origines comptent en particulier dans leurs rangs des membres des Frères musulmans, arrivés en Europe à la fin des années 1950. La plupart de ces hauts responsables fuyaient les poursuites dans leurs pays d'origine. Lorenzo Vidino, le directeur du programme sur l'extrémisme à l'université George-Washington, a publié une étude sur l'«islamisme woke» en mai 2022[1]. Il rappelle que ces militants fréristes étaient, outre des réfugiés, des étudiants qui venaient dans les universités occidentales pour faire des études supérieures. Depuis, note le chercheur, «leur présence a été stable en Occident. On y trouve différentes branches des Frères musulmans : le courant égyptien dont est issu Tariq Ramadan, mais aussi des mouvements moins connus, comme Jamaat-e-Islami, venu du sous-continent indien, ou Millî Görüş, soutenu financièrement par la Turquie du président Erdoğan».

Certaines de leurs caractéristiques sont restées identiques, en particulier le goût du secret et de la hiérarchie, ainsi que le double discours (l'un à destination des «mécréants», l'autre à destination des croyants), la souplesse et le pragmatisme. Leur objectif est également inchangé : il s'agit d'instaurer, partout, une islamisation des sociétés, qui seront basées sur la charia, la loi islamique. Dans les sociétés démocratiques européennes, c'est un objectif difficilement atteignable objectivement. Les populations qui constituent le cœur de cible des islamistes ne sont en effet qu'une minorité. Les Frères

---

1. Lorenzo Vidino, «The rise of "woke" islamism in the West», Hudson Institute, 2 mai 2022. Traduction française : «La montée en puissance de l'islamisme woke dans le monde occidental», Fondapol, juin 2022.

musulmans se sont donc adaptés. Il s'agit à présent pour eux de diffuser leur idéologie antidémocratique dans les populations concernées, d'une part, et, d'autre part, d'intervenir le plus possible dans les politiques publiques pour peser sur les débats qui leur semblent importants, en particulier en ce qui concerne la religion. Pour atteindre cette deuxième cible, le wokisme est un parfait cheval de Troie. Lorenzo Vidino note que les premiers étudiants fréristes étaient majoritairement des ingénieurs ou des médecins. Les générations suivantes, observe-t-il, sont nées sur le continent européen et ont plutôt été formées dans les facultés de sciences humaines et sociales. C'est un détail qui a son importance...

La nouvelle génération d'intellectuels fréristes connaît ainsi mieux les sensibilités occidentales, ayant grandi sur place. Et dans les universités de sciences humaines, elle va être intéressée par les courants wokes venus d'Amérique. Tournant le dos aux discours radicaux de ses aînés, elle va utiliser la rhétorique de la discrimination, de l'antiracisme, ou de l'intersectionnalité. Dans les cercles progressistes, ce nouvel antiracisme «décolonial» prend naturellement sous son aile les populations qui se sentiraient discriminées. La nouvelle génération d'islamistes va s'engouffrer dans la brèche.

Il est loin, le temps où les intégristes brûlaient publiquement des livres dans les pays occidentaux comme en 1988, après la parution des *Versets sataniques* de Salman Rushdie. Désormais, le discours islamiste se pare ainsi des vertus du progressisme, sur les réseaux sociaux par exemple. L'emblème de cette nouvelle communication à destination de la jeunesse, c'est AJ+, une chaîne qatarie qui réalise de courtes vidéos en français, en anglais, en arabe et en espagnol. Basée à Doha, c'est un média sous-traitant de la chaîne qatarie Al Jazeera, dont la version arabe est le canal de propagande principal du Qatar à travers le monde. AJ+ compte une trentaine de producteurs et journalistes et se présente comme «un média inclusif qui s'adresse aux générations connectées et ouvertes sur le monde. Éveillé.e.s. Impliqué.e.s. Créatif.ive.s[1]». Les modules vidéo d'AJ+ suivent la mode lancée par le média en ligne BuzzFeed à New York en 2006. Ils ressemblent également aux modules Brut, diffusés sur France Info ou «Quotidien», l'émission de TMC. D'une durée de deux à trois minutes, ils empruntent sur la forme et sur le fond les codes progressistes, en faisant de nombreuses vidéos sur la communauté LGBT[2], mais leur communication insistera souvent sur la stigmatisation des croyants et l'islamophobie d'État dont ils seraient victimes. Ni vu, ni connu. Le message est martelé, et il passe. Au Qatar, l'homosexualité est passible de la peine de mort pour les musulmans, mais la rédactrice en chef d'AJ+ ne voit aucune contradiction à communiquer sur les problématiques LGBT en Europe depuis Doha : «En tant que média en ligne et donc centré sur les réseaux sociaux, nous faisons des sujets sur ce qui est discuté. Si un jour la répression des homosexuels au Qatar devient un sujet, nous le traiterons sans problème[3]», explique-t-elle.

---

1. Page d'accueil Twitter d'AJ+.
2. LGBT : lesbiennes, gays, bisexuels et transgenres ou transsexuels.
3. Benjamin Chapon, «Out d'or 2019 : AJ+, "Glamour", "L'Équipe"... Qu'est-ce qu'une rédaction engagée pour les LGBT?», *20 minutes*, 18 juin 2019.

Perçue comme une alliée des nouveaux gouvernements proches des Frères musulmans, Al Jazeera a commencé à perdre en influence après le «printemps arabe». AJ+, entièrement en ligne, est une manière de se renouveler et, surtout, de toucher un nouveau public, plus jeune[1]. La version française d'AJ+ fustige en permanence l'«islamophobie» du gouvernement, dans une perspective proche des décolonialistes, fortement mâtinée d'idéologie frériste.

Pour comprendre cette idéologie frériste, il faut écouter ou lire Youssef al-Qaradawi, considéré comme le théologien de référence de la confrérie créée en Égypte en 1928 par le grand-père de Tariq Ramadan. Poursuivi dans son pays comme la plupart des Frères musulmans, l'homme s'est réfugié au Qatar jusqu'à sa mort, en 2022. Jusqu'en 2013, il y a animé une célèbre émission suivie par des dizaines de millions de téléspectateurs, «La charia et la vie». Youssef al-Qaradawi n'a cessé, sa vie durant, d'encourager les minorités musulmanes à développer leur identité propre au sein des sociétés européennes. Dans son livre *Le Sens des priorités*, un best-seller traduit en français en 2009, il explique : «Je dis à mes frères qui vivent dans des pays étrangers, "essayez d'avoir votre petite société à l'intérieur de la plus grande société, sinon vous allez fondre comme du sel dans l'eau. Les juifs ont préservé leurs caractéristiques à travers les siècles grâce aux ghettos, de petites commu-

---

[1]. Collectif de chercheurs du centre GEODE, «AJ+ : derrière la modernité, le média d'influence du Qatar», INA, La revue des médias, 1er décembre 2020.

nautés uniques au plan des idées et des rituels. Essayez d'avoir votre propre ghetto musulman".[1] »

Outre le parallèle avec le sort des juifs qui, faut-il le rappeler, ne formaient pas des ghettos de leur plein gré dans l'Europe du début du XXe siècle, l'appel au communautarisme, et au séparatisme, est clair. Quand les militants du wokisme proposent ensuite des *safe spaces* («espaces sûrs») aux minorités qui se sentent opprimées – ce qui serait le cas des femmes voilées – ils ne disent pas autre chose : «restez entre vous, enfermés dans votre communauté, où vous serez à l'abri». Pourquoi ne pas réclamer ensuite des tribunaux spéciaux pour juger selon la loi islamique, voire des lois séparées ? Des *sharia courts* («tribunaux de la charia») existent d'ailleurs déjà en Grande-Bretagne. Ce sont des tribunaux islamiques informels, sorte de conseils de la charia dirigés par des instances religieuses, qui arbitrent les conflits familiaux de la communauté musulmane, comme les divorces ou des différends financiers.

Les réseaux islamistes utilisent le wokisme en prônant le même «progressisme identitaire», et ils se rallient parfois aux mêmes causes : la défense de l'environnement par exemple, ou celle de l'égalité des sexes. Des causes où l'on ne les attendrait pas forcément... Le message principal martelé auprès des jeunes générations, en particulier celles qui sont issues de l'immigration, est donc double. Il passe par le wokisme, c'est-à-dire la défense

---

1. Youssef al-Qaradawi, *Le Sens des priorités*, traduit de l'arabe par Abdelkarim Mikael Bisiaux, Paris, Éditions Bayane, 2009.

des dominés, dans le but de dépeindre les pays européens comme des sociétés fondamentalement hostiles aux jeunes descendants de populations immigrées, des sociétés que les wokes décriront comme imprégnées de «racisme systémique». Le moindre incident sera ainsi monté en épingle pour donner lieu à une campagne de communication. Même Harry Potter n'a pas été épargné par AJ+ en anglais : le hashtag *#BlackHogwarts* a largement circulé, pour dénoncer le fait que les personnes de couleur étaient sous-représentées dans la fiction de J. K. Rowling. C'est bien la preuve, selon AJ+, du racisme systémique anglais... Une parfaite convergence, car certains mouvements progressistes qui cherchent désormais à «corriger, ici et maintenant, toutes les inégalités systémiques» sont parfois fascinés par le potentiel révolutionnaire des islamistes.

Fascinant Hezbollah

Cette alliance de mouvements militants n'est pas nouvelle et précède de loin l'émergence du wokisme. Dans les années 1990, Chris Harman dirigeait l'organisation trotskiste Socialist Workers Party en Grande-Bretagne. Il avait publié un texte fondateur qui expliquait déjà que la classe ouvrière devait faire une alliance objective avec les islamistes pour espérer l'emporter. En France, Christophe Bourseiller, un chercheur spécialiste des mouvements radicaux, a bien démontré comment certains segments de l'ultragauche sont entrés en convergence dans leurs discours avec l'islamisme[1]. La Ligue communiste révolutionnaire (LCR), ancêtre du Nouveau Parti anticapitaliste (NPA), était également un mouvement trotskiste. En 2010, le NPA avait pour la première fois fait figurer une femme voilée sur ses affiches électorales, dans la droite ligne des préconisations de Chris Harman.

Les mouvements islamistes exercent une fascination sur les révolutionnaires de tous poils pour plusieurs raisons. Leur anticolonialisme puissant, leur antiaméricanisme, leur antisionisme et leur capacité à mobiliser les masses en sont quelques-unes... Le mouvement antiraciste américain n'échappe pas aujourd'hui à ces convergences et à ces dérives. Black Lives Matter est devenu le cri de ralliement de toute une jeunesse afro-américaine, solidaire du peuple palestinien victime de «génocide» selon le mouvement[2]. Et son mot d'ordre est vieux comme le monde du XIXe siècle : «Opprimés de tous les pays, unissez-vous!» Il y a une perception claire d'ennemis communs.

Au début des années 2000, en Grande-Bretagne, la coalition Stop the War fut un exemple type de ce genre d'alliance. Il s'agissait au départ d'un partenariat contre la guerre en Irak entre différentes organisations comme le Socialist Workers Party et le Communist Party of Britain. En 2003, ces partis s'associent pour les manifestations à la Muslim Association of Britain, l'association

---

1. Christophe Bourseiller, «Pour une brève histoire de l'islamo-gauchisme», *Revue des deux mondes*, octobre 2018.
2. Ben Ndugga-Kabuye, Rachel Gilmer, Nadia Ben-Youssef, «Cut military expenditure – policy brief», *A Vision for Black Lives*, août 2016.

Un nouveau progressisme... identitaire

des musulmans de Grande-Bretagne, qui s'identifie alors elle-même comme islamiste et proche du Hamas, un mouvement reconnu comme terroriste par le gouvernement britannique depuis 2001. Dans les manifestations massives qui ont alors lieu dans les rues de Londres, on retrouve les drapeaux du Hamas, ainsi que ceux du Hezbollah, mouvement libanais chiite pro-iranien dont la branche militaire est placée sur la liste des organisations terroristes par l'Union européenne. Ce qui ne semble pas gêner outre mesure les manifestants socialistes et communistes anglais. Or, souligne le chercheur Hédi Ennaji, «s'associer à l'islamisme relève du pacte faustien et non d'une quelconque fusion égalitaire. Toutes les expériences politiques en la matière depuis la révolution islamique en Iran le prouvent[1].»

Depuis quelques années, un phénomène inverse se produit : ce sont les mouvements islamistes qui adoptent désormais un vocabulaire woke qu'ils n'utilisaient pas auparavant, où l'on retrouve la rhétorique intersectionnelle, la dénonciation des préjugés et des injustices «systémiques», ainsi que la revendication de politiques identitaires. Des discours qui vont servir en interne à souder la communauté musulmane, pour la pousser à se sentir solidaire face à une prétendue menace exogène. L'affaire Rushdie, les caricatures danoises de Mahomet, le conflit israélo-palestinien, la laïcité française sont autant de thématiques qui heurtent de nombreux musulmans. Les militants islamistes vont donc les reprendre et les amplifier, avec l'aide des militants antiracistes et

---

[1]. Entretien avec le chercheur, 29 mai 2023.

décoloniaux, pour les faire passer pour un schéma d'agression contre l'ensemble des croyants. Le but : que les musulmans, dans leur totalité, se sentent assiégés et discriminés. Une rhétorique de la victimisation soutenue par les courants antiracistes wokes, qui relaient abondamment sur les réseaux sociaux les supposées discriminations dont serait victime la communauté musulmane. Il est relativement simple ensuite de passer au stade des solutions, qui se trouveront dans l'organisation communautaire. Les entrepreneurs identitaires islamistes n'ont plus qu'à cueillir un fruit mûr en se présentant comme les seuls défenseurs de l'islam véritable. Pour cela, une arme rhétorique puissante leur est servie sur un plateau par le wokisme : l'islamophobie.

4

Chantage à l'islamophobie

Que tout pouvoir totalitaire s'appuie sur un langage bâti à ses mesures est un truisme. Que ce soit dans l'édification du projet politique, dans le creuset où se forgent les arguments les plus tranchants, dans les éléments de langage qui justifient l'exercice du pouvoir, et jusque dans les mots qui accompagnent son naufrage, le verbe asservi est le fidèle accompagnateur de toute dictature[1].

« Charbophobie » dans les universités françaises

Qui aurait pu imaginer que deux ans après le massacre dans les locaux de *Charlie Hebdo* en plein cœur de Paris, la pièce tirée du texte posthume du dessinateur Charb, *Lettre aux escrocs de l'islamophobie qui font le jeu des racistes*, rencontrerait des difficultés pour pouvoir simplement être jouée dans certains lieux en France ?

---

1. Olivier Mannoni, « La langue en lambeaux : la pensée totalitaire et la fragmentation du langage », *Cités*, n° 93, Paris, 2023.

Quand la peur gouverne tout

En décembre 2016, la médiathèque de Lomme, dans le Nord, déprogramme le spectacle. En mars 2017, l'université de Lille-II en fait de même. En mai 2017, la maison des associations d'Arras cède sous la pression du MRAP[1] et de la LDH[2] et annule la représentation. En juillet 2017, la pièce est refusée par deux théâtres pendant le Festival d'Avignon. La Manufacture ne prendra même pas la peine de répondre au metteur en scène. L'Entrepôt assumera de ne pas avoir retenu le spectacle pour des raisons « poétiques et idéologiques ». La pièce sera finalement jouée dans un troisième théâtre avignonnais. Le 9 août 2017, c'est la mairie de Lormont, en Gironde, qui fait faux bond. En janvier 2018, le syndicat étudiant Solidaires réclame l'interdiction de la lecture publique du texte de Charb à l'université Paris VII-Denis-Diderot. Le porte-parole du syndicat exprime ses préoccupations : « Il semble apparent que le débat sera centré sur la question de l'islam et consistera à remettre en cause la lutte contre les violences racistes et islamophobes et la parole de leurs victimes. »

Parler de « victimes de violences islamophobes » pour rejeter un texte auquel Charb a mis le point final deux jours avant d'être assassiné pour sa supposée islamophobie est particulièrement pervers. Les millions de personnes qui ont manifesté en brandissant des crayons en faveur de la liberté d'expression, face à la barbarie islamiste, le 11 janvier 2015 apprécieront : leur émotion, leur indignation et leur attachement à la liberté ne sont

---

1. MRAP : Mouvement contre le racisme et pour l'amitié entre les peuples.
2. LDH : Ligue des droits de l'homme.

Chantage à l'islamophobie

pas partagés par tous, tant s'en faut. Gérald Dumont est le metteur en scène de la pièce. Homme du Nord attaché aux valeurs de gauche, il regrette de ne recevoir, la plupart du temps, aucune réponse des universités auxquelles il propose la pièce[1]. Le combat de Charb, qu'il a payé de sa vie, n'aurait-il servi à rien ? La censure pour « islamophobie » est-elle en marche ? Peut-on parler de « Charbophobie » ?

Au fait, que dit Charb de si terrible dans ce texte que certains ne veuillent pas l'entendre ou le diffuser ? C'est d'abord un texte très drôle, évidemment. « Les premiers islamophobes seraient les croyants eux-mêmes qui pètent de trouille à l'idée que leur Dieu vengeur les punisse de la moindre incartade », écrit Charb. Et il ajoute : « Les victimes de racisme qui sont d'origine indienne, asiatique, rom, noire africaine, antillaise… auront bientôt à se trouver une religion si elles veulent être défendues. » Charb fait rire en se moquant du discours victimaire, et il fait mouche, c'était son seul tort. Ses assassins, eux, ne rigolaient pas. Le 7 janvier 2015, ils l'ont fait lever de sa chaise en l'appelant par son nom avant de l'abattre. Avec les caricatures de Mahomet, Charb avait « blasphémé », il fallait « venger le Prophète ». Et chez les tenants de l'islam politique, le blasphème porte un nom : « islamophobie ». Ce qu'ils oublient un peu vite concernant Charb, c'est que chez lui, comme généralement au sein de la rédaction de *Charlie Hebdo*, tout est sujet à moquerie, et pas seulement la religion :

---

1. Gérald Dumont, « Pièce de Charb : "La plupart du temps, on n'a pas eu de réponse des facs" », propos recueillis par Étienne Girard, *L'Express*, 24 avril 2021.

Charb tournait en dérision la loi du 13 mars 2003 et le décret du 21 juillet 2010 concernant l'outrage au drapeau ou à l'hymne national par exemple... Une étude rigoureuse du contenu du journal a d'ailleurs montré, un mois après le massacre, que celui-ci brocardait beaucoup plus les chrétiens que les musulmans[1].

« Le racisme, et ne dévions jamais de cette définition sinon nous affaiblirons la lutte antiraciste, le racisme c'est la mise en cause d'un peuple ou d'un homme ou d'une femme comme tel », expliquait le philosophe Henri Peña-Ruiz en août 2019[2]. « Le racisme antimusulman est un délit. La critique de l'islam, la critique du catholicisme, la critique de l'humanisme athée n'en est pas un. On a le droit d'être athéophobe, comme on a le droit d'être islamophobe, comme on a le droit d'être cathophobe. » L'islamophobie est donc un mot qui a été inventé pour qualifier la critique d'une religion, puis interdire cette critique. Et cela fonctionne plutôt bien, puisque l'usage de ce terme est aujourd'hui entré dans le langage courant sans être remis en cause. Pire, toute critique de l'intégrisme religieux est désormais suspectée d'« islamophobie ».

Comme l'explique très bien Charb dans son texte posthume, « la stratégie communautariste consiste à faire passer le blasphème pour de l'islamophobie et l'islamophobie pour du racisme ». C'est sans nul doute ce genre

---

1. Tribune de Céline Goffette et Jean-François Mignot, « Non, "Charlie Hebdo" n'est pas obsédé par l'islam », *Le Monde*, 23 février 2015.
2. Jacques Pezet, « Qu'a dit Henri Peña-Ruiz sur le "droit d'être islamophobe" lors de l'université d'été de La France insoumise ? », *Libération*, 26 août 2019.

de phrase que les militants wokes antiracistes n'aiment pas. Et c'est là où ces militants rejoignent dans une belle unanimité intersectionnelle les entrepreneurs fréro-salafistes. Les deux termes de «raciste» et «islamophobe» sont devenus des anathèmes bien pratiques pour faire taire toute critique de l'islam, surtout dans sa version intégriste.

Extension du domaine du blasphème

Aujourd'hui, s'il y a un terme qui se trouve au croisement parfait des nouveaux discours antiracistes et des discours islamistes, c'est bien celui d'«islamophobie». En France, depuis l'appel des Indigènes de la République en 2005, l'expression est devenue centrale chez les théoriciens intersectionnels. Selon eux, il existerait un «continuum colonial» à travers une «islamophobie d'État» depuis l'occupation de l'Algérie en 1830 jusqu'à aujourd'hui. Voici une bien belle instrumentalisation d'une mémoire encore douloureuse.

Une phobie, cela signifie «avoir une peur irrationnelle» de quelque chose, en l'occurrence, ici, d'une religion qui s'appelle l'islam. Ce n'est pas rejeter ou ne pas respecter des croyants. Utiliser ce terme, c'est une manière de «pathologiser» un discours, de faire passer ceux qui émettent des critiques pour des malades. Or, on peut tout à fait respecter les personnes et se moquer des croyances. Sur les réseaux sociaux, on trouve souvent un terme mis en miroir pour justifier l'utilisation du mot «islamophobie»: c'est celui de «judéophobie». Un mot que le chercheur Pierre-André Taguieff[1] a voulu utiliser pour remplacer le terme « antisémitisme » au motif que celui-ci ne pouvait prendre en compte la détestation des juifs par des Arabes, les deux peuples étant sémites. Cette sémantique doit être récusée. On peut être judéophobe, c'est-à-dire avoir peur du judaïsme. C'est à mon sens différent de l'antisémitisme. De même, on peut être islamophobe, ce qui est différent du racisme à l'encontre des personnes issues de l'immigration afro-maghrébine, qui ne sont d'ailleurs pas toutes musulmanes. L'islamophobie est différente du racisme. On a tout à fait le droit d'être judéophobe, si le judaïsme fait peur, ou si l'on veut s'en moquer. On peut rire des rabbins, comme le faisait d'ailleurs Alain Chabat avec sa parodie de publicité « Royal Rabbin ». Et on peut rire de Yahvé ou d'Allah, de Dieu, de Jésus ou du prophète Mahomet. On peut dessiner le pape, des prêtres ou des imams, et se moquer de leurs croyances. Comme on caricature des hommes politiques. En France, le délit de blasphème a été aboli le 25 septembre 1791. Notre pays fut le premier État à le faire. Mais aujourd'hui, il existe encore des lois anti-blasphème dans trente-trois pays, dont vingt et un musulmans, où les insultes à la religion restent un crime passible de la peine de mort. Là est tout l'enjeu de l'utilisation du terme « islamophobie » par les progressistes nord-américains et européens. Car il est salutaire de rire des intégristes ; cela fait partie des libertés dans un pays démocratique. Mais peut-être l'humour et l'autodérision

---

1. Pierre-André Taguieff, *La Nouvelle Judéophobie*, Paris, Mille et Une Nuits, 2002.

Chantage à l'islamophobie

ne sont-ils pas les qualités les mieux partagées chez les fondamentalistes, allez savoir pourquoi...

Beaucoup, dans les mouvements wokes, se disent antisionistes. L'antisionisme désignait les juifs opposés à la création de l'État d'Israël au début du xxe siècle. Être opposé à la politique du gouvernement israélien est aujourd'hui une chose, cela s'appelle la démocratie. Contester le droit à l'existence de l'État hébreu en est une autre. Tous ces termes polémiques sont aujourd'hui instrumentalisés. L'islamophobie par les islamistes pour interdire toute critique de l'islam et rétablir ainsi le délit de blasphème. Et la judéophobie et l'antisionisme par les mêmes pour ne pas parler d'antisémitisme, car le terme rappelle les années les plus sombres du xxe siècle. On se dira moins volontiers antisémite qu'antisioniste. D'ailleurs, la définition de l'antisémitisme de l'Alliance internationale pour la mémoire de l'Holocauste, adoptée par trente et un pays, «comporte "le fait de nier au peuple juif son droit à l'autodétermination", assimilant les propos antisionistes à l'antisémitisme[1]», et elle est contestée par «ses détracteurs qui estiment qu'elle empêche certaines critiques de l'État d'Israël[2]».

Cela ne gênera personne de comparer en revanche l'«islamophobie» contemporaine à l'antisémitisme des années 1930. Faut-il rappeler que l'islamophobie tue principalement ceux qui en sont accusés? *Charlie Hebdo* et Samuel Paty ont été accusés d'islamophobie. Salman

---

1. «Israël adopte la définition de l'antisémitisme de l'IHRA», dépêche AFP, 22 juin 2022.
2. *Ibid.*

Quand la peur gouverne tout

Rushdie, qui a perdu un œil et l'usage d'une main dans un attentat en août 2022, l'est toujours. En France, voire en Europe ou aux États-Unis, c'est par antisémitisme que des juifs sont assassinés aujourd'hui encore. Faut-il vraiment dresser la liste, des attentats de l'école Ozar Hatorah jusqu'à l'Hyper Cacher, en passant par le Musée juif de Bruxelles, l'assassinat de Mireille Knoll ou celui d'Ilan Halimi, l'attentat contre la synagogue de Copenhague, contre celle de Pittsburgh ou contre celle de Halle en Allemagne ? Toutes ces victimes ont été tuées et blessées au nom d'une idéologie antisémite. Il n'est pas jusqu'au Bataclan qui n'ait eu droit, avant les attentats, à une manifestation destinée à intimider les gérants juifs de la salle, qui avaient organisé une collecte au profit de l'armée israélienne dans les années 2000. Il y avait cent trente salles le soir du 13 novembre 2015, et presque autant de spectacles dans Paris, où la foule était encore plus nombreuse. Le Bataclan était, comme le rappelle le journal *Le Monde*, une cible liée à l'antisémitisme dans l'imaginaire des djihadistes qui ont décidé de l'attaquer[1]. Nul ne nie que le racisme antimusulman existe. À Christchurch, la tuerie raciste d'extrême droite, le 15 mars 2019, a provoqué la mort de cinquante et une personnes dans deux mosquées, et ces événements sont bien évidemment dramatiques. D'ailleurs, la menace d'attentats venant de l'ultradroite est prise très au sérieux par les services de renseignements, mais il est faux de dire qu'il s'agit de la

---

1. Nathalie Guibert, Véronique Mortaigne, « Le Bataclan, un haut lieu de la culture ciblé de longue date par les islamistes », *Le Monde*, 14 novembre 2015.

première menace terroriste en France. La menace djihadiste, qui s'appuie sur l'accusation d'islamophobie, est de loin la plus préoccupante[1].

Dans le portable d'Abdelhamid Abaaoud, qui a dirigé opérationnellement les attentats du 13 novembre à Paris, il y avait des vidéos atroces de l'État islamique, dont celle qui a beaucoup circulé, où il traînait des cadavres en rigolant au volant de son pick-up en Syrie. Mais il y avait aussi toute une série d'affiches sur l'islamophobie de l'État français, ainsi que des affiches sur l'islamophobie du CCIF. « Les campagnes de dénonciation d'une islamophobie présumée fournissent la légitimation à un acte qui est perçu comme de la légitime défense, explique le professeur Bernard Rougier, ceux qui commettent des actes terroristes ne se voient pas comme des terroristes. Ils pensent qu'ils se vengent d'une violence qui leur a été infligée, ils considèrent qu'il y a une violence symbolique qui est celle de l'islamophobie dont ils se vengent. »

Gilles Kepel, l'un des meilleurs universitaires spécialistes de l'islamisme en France, explique très bien à quoi sert l'utilisation de cette expression. Pour lui, « l'islamophobie interdit de réfléchir sur ce qui se produit, ce qui se joue aujourd'hui à l'intérieur de l'islam et notamment sur la relation hégémonique que veut construire le salafisme avec l'ensemble des musulmans pour araser la pluralité à l'intérieur de l'islam. La différence entre salafisme et djihadisme n'est pas de structure

---

[1]. Armêl Balogog, « Le vrai du faux. L'ultradroite est-elle la principale menace terroriste en France ? », *France Info*, 7 juin 2023.

mais d'intensité : c'est le passage à l'acte. […] Dilution dans la radicalisation et tabou de l'islamophobie permettent de tenir un propos public qui s'affiche comme antiraciste et non xénophobe, mais se nourrissent d'un déni et d'une ignorance totale de ce qu'est le corpus salafiste[1]. »

Olivier Roy, chercheur spécialiste de la « radicalisation », n'utilise pas l'expression non plus. Il reconnaît que « le terme est trop ambivalent dans le glissement qu'il opère entre hostilité à la religion et racisme. Or, il y a une tentative d'utiliser l'islamophobie pour réintroduire le délit de blasphème sous couvert d'antiracisme[2]. »

Aujourd'hui, dans les quartiers en difficulté, des entrepreneurs de l'islam politique usent du concept d'islamophobie *ad nauseam*. Le but : exploiter la crise économique et sociale, et lui donner un sens religieux. Des associations, comme Alliance citoyenne à Grenoble, véhiculent le discours de l'islamophobie d'État[3]. « N'oubliez jamais que c'est *Charlie Hebdo* qui a dégainé le premier », écrivait Taous Hammouti, cofondatrice de l'association, quelques jours après le 7 janvier 2015. Sous couvert de lutter contre les injustices et de se faire le porte-parole des sans-voix, Alliance citoyenne penche vers le communautarisme et le séparatisme. Implantée à Aubervilliers, Lyon et Grenoble, cette association fait partie d'un consortium dont la subvention de soixante mille euros,

---

[1]. Gilles Kepel, « Genèse du djihad français », *Figures de la psychanalyse*, vol. 34, n° 2, 2017.
[2]. Marie Lemonnier, « La querelle de l'islamophobie : Pascal Bruckner face à Olivier Roy », *L'Obs*, 2 février 2017.
[3]. https://www.lallab.org/entretien-avec-les-hijabeuses/

versée par la Commission européenne, a été annulée en 2021. Sur son site, elle prône la non-violence, un principe qu'elle a décidé de «maintenir après l'annulation de la subvention», selon son rapport d'activité 2021[1]. S'il y a décision, c'est donc qu'il y a eu débat. Alliance citoyenne est, selon un rapport de l'École de guerre économique, «la manifestation flagrante de l'infiltration des milieux progressistes français sur la base de nouvelles organisations sociales et économiques développées aux États-Unis[2]». Du 28 novembre au 11 décembre 2021, le Syndicat des femmes musulmanes de Grenoble, membre d'Alliance citoyenne, a organisé un cycle de conférences sur le thème «Genre et discriminations». On note la présence de la députée française Danièle Obono pour parler d'antiracisme, du chercheur du CNRS Julien Talpin pour discourir sur les discriminations, du maître de conférences à Sciences Po Lyon Haoues Seniguer pour parler d'islamisme, et de la sociologue Hanane Karimi pour parler de genre et... d'islamophobie.

Par ailleurs, la pratique rigoriste de la religion n'est pas forcément séparée de la délinquance, contrairement à une idée reçue. En effet, la forme salafo-frériste de la religion n'est pas incompatible avec le «business»: «Au contraire, les deux référentiels correspondent, explique l'universitaire Bernard Rougier, parfois même, dans les quartiers, l'imam ne condamne pas la délinquance et acceptera une partie de la recette, parce qu'on

---

1. Alliance citoyenne, rapport d'activité 2021.
2. École de guerre économique, «Le wokisme n'est pas mort: rapport de vigilance», Paris, 2022.

peut vendre de la drogue aux mécréants. » Ceux qui pensent que la pratique fondamentaliste de la religion prévient la délinquance font fausse route. Mais, bien entendu, une telle assertion sera qualifiée d'« islamophobe » par la plupart des militants décoloniaux.

Ainsi, ceux qui militent aujourd'hui contre le prétendu « racisme systémique » des institutions et l'« islamophobie d'État » n'auront aucun mal à fermer les yeux sur la promotion d'un islam politique qui se veut, lui, clairement systémique. L'expression est problématique, tout simplement parce qu'elle vise à empêcher toute critique de la religion, à intimider les chercheurs et les journalistes qui tenteront de travailler sur l'islamisme, et qu'elle ne fait absolument pas la distinction entre islam et islamisme. Si toute étude qui n'a pas l'heur de plaire aux militants fréro-salafistes est présumée « islamophobe », comment faire la différence entre les nombreuses nuances qui existent au sein de l'islam ? Discréditer toute voix qui dérange sera très simple : il suffira de la qualifier d'« islamophobe ». Circulez, il n'y a rien à voir.

L'« islamophobie » ? Ce sont encore les islamistes qui en parlent le mieux

Ceux qui utilisent le plus cette expression dans le monde, ce sont les tenants de l'islam politique, de l'Iran au Pakistan en passant par l'Arabie saoudite, le Qatar et désormais l'Amérique du Nord et l'Europe. Hugo Micheron, chercheur spécialiste du djihadisme, explique ainsi ce que cherche l'organisation des Frères musulmans, et pourquoi la notion d'islamophobie est un dispositif central pour l'accompagner dans cette quête : « Son objectif proclamé est de conquérir le pouvoir afin d'imposer les prescriptions de la Loi religieuse. Le modèle des Frères égyptiens a été dupliqué dans l'ensemble des pays arabes. En Europe, des associations s'en réclamant sont apparues dans les années 1980, à l'instar de l'Union des organisations islamiques de France (UOIF) devenue, en 2017, "Musulmans de France". Sur le Vieux Continent, les Frères se mobilisent à travers de multiples collectifs pour obtenir la reconnaissance institutionnelle d'une "identité musulmane", poursuit Hugo Micheron. Elle leur permet de négocier, dans une logique de lobby communautaire, leur emprise sur la population d'ascendance musulmane auprès des pouvoirs publics. Une diversité d'acteurs associatifs et de "collectifs communautaires" appartient, de manière plus ou moins assumée, à la mouvance intellectuelle "frériste", à l'image du très actif Collectif contre l'islamophobie en France (CCIF) créé en 2000[1]. Pour ces organisations, l'intégration économique dans la société française ne doit pas être complétée par son consentement à son mode de vie et à sa philosophie institutionnelle. Adhérer aux valeurs du "modèle" français, accusé de corrompre l'islam, équivaudrait à faire disparaître l'islam comme "fait social total". Ainsi, l'avènement d'un islam théologique et libéral, identifié à une croyance librement vécue par

---

1. Dissous en 2020, à la suite de l'assassinat de Samuel Paty, mais recréé depuis à Bruxelles sous le nom de Collectif contre l'islamophobie en Europe (CCIE) ainsi que Collectif contre l'islamophobie en Belgique (CCIB), toujours très actifs sur les réseaux sociaux.

chacun, doit être combattu et discrédité, selon ces militants. Pour ce faire, ils poursuivent une stratégie d'affirmation communautaire exploitant toutes les ressources de la démocratie (procédures judiciaires, développement d'écoles privées hors contrat, du commerce halal, dénonciation des mariages mixtes au nom de la préservation de "l'identité musulmane"). » Et le chercheur conclut : « La mise en relief du délit "d'islamophobie" s'avère importante dans cette démarche, car elle permet de faire progresser un agenda islamiste au moyen d'un argumentaire libéral, habilement retourné contre lui-même[1]. » Des partisans d'un islam « systémique » qui rêvent d'interdire le blasphème pour introduire ce qu'on pourrait nommer un « suprématisme » islamiste... On ne saurait mieux dire.

L'expression « islamophobie » est revenue sur le devant de la scène en Occident avec la *fatwa* lancée par les mollahs en Iran contre Salman Rushdie en 1989 ; puis, les années suivant le 11 septembre 2001, elle a été de plus en plus utilisée. Elle fonctionne depuis comme un parfait contre-feu de victimisation qui permet de faire écran au lien entre islamisme et djihadisme. Le Syrien Abou Moussab al-Souri, l'idéologue de la troisième génération des djihadistes, en a ainsi fait son principal mantra. En janvier 2005, il publiait sur Internet un manifeste de mille six cents pages. Sa première cible ? « Les islamophobes », c'est-à-dire « ceux qui disent du mal de Dieu ». À partir de ce moment-là, le mot va commencer à circuler

---

[1]. Hugo Micheron, *Le Jihadisme français : quartiers, Syrie, prisons*, Paris, Gallimard, 2020.

Chantage à l'islamophobie

très fortement en Europe. D'abord en Angleterre, puis en France.

Le terme a fait son apparition dans la galaxie frériste au début des années 2010, à la suite de la parution du manifeste d'al-Souri en Syrie, et il est depuis plébiscité par les salafistes. Comme le rappelle Hugo Micheron, l'émir Olivier Corel, mentor des frères Clain et de Mohamed Merah, affirmait lors de ses auditions devant les juges qu'il considérait (comme les *oulémas* salafistes qu'il prend en référence) que «le djihad était légitime» et que le combattre serait un signe d'«islamophobie» : «À partir du moment où la guerre sainte est posée comme fondement de la croyance, prendre part au combat émane d'un commandement divin et non de la responsabilité individuelle d'adeptes s'en réclamant. Mettre en examen les activistes reviendrait donc à incriminer l'islam tout entier. La justice française, en les poursuivant, fournirait la preuve de son "islamophobie"[1] », raconte-t-il.

Olivier Corel n'est pas le seul à accuser l'État d'islamophobie : Abdelfattah Rahhaoui, imam à la mosquée de Bellefontaine, à Toulouse, mosquée qui était également celle des frères Clain et de Mohamed Merah, l'utilisait aussi pour sa défense. Lorsqu'il était directeur de l'école islamique hors contrat al-Badr, dans le quartier Grand Mirail à Toulouse, il avait été condamné à quatre mois de prison avec sursis pour enseignement non conforme. Devant la justice, il s'était plaint d'être victime d'islamophobie.

---

1. *Ibid.*

Quand la peur gouverne tout

La même rhétorique est utilisée par Abdelhakim Sefrioui, mis en examen pour complicité d'assassinat en relation avec une entreprise terroriste dans l'affaire Samuel Paty et présumé innocent à ce jour. L'homme était déjà bien connu dans la mouvance de l'islam radical, car il était l'animateur du collectif Cheikh Yassine, où la cause palestinienne servait de paravent à un dénigrement systématique de la France et de la République, là encore pour cause d'islamophobie. Les militants antiracistes auront beau jeu ensuite d'expliquer que l'assassinat de Samuel Paty est en lien avec l'absence d'intégration des personnes d'origine immigrée en France. Cela leur évitera, comme l'explique très bien Hugo Micheron, d'examiner le fait que l'attaquant faisait partie d'un réseau global prônant une idéologie violente[1]. C'était déjà le cas avec le tueur de Nice, installé en France depuis 2007 mais habitué aux allers-retours avec sa ville natale de M'saken en Tunisie, ou de Sfrioui, vivant en région parisienne et intégré dans les réseaux palestiniens du Hamas. Autant il est absurde d'attribuer à l'immigration et à l'islam la responsabilité des attaques, autant il est pareillement discutable d'expliquer que la discrimination et l'exclusion, ainsi que l'islamophobie, sont à l'origine de la radicalisation.

Et les exemples sont légion. Le terme a été adopté par la mouvance salafo-frériste, et il est bien pratique. Dans un entretien accordé à l'agence Anadolu, média de propagande turc, Tariq Ramadan dénonçait le 29 septembre

---

1. Hugo Micheron, Bernard Haykel, « No, racism is not to blame for every terror attack in France », *Persuasion*, 15 novembre 2020.

Chantage à l'islamophobie

2022 le climat politique en France, imprégné d'une «islamophobie d'État[1]». Sous le coup de cinq mises en examen pour des viols en France et en Suisse[2], le petit-fils d'Hassan al-Banna, fondateur des Frères musulmans en Égypte – «matrice de tous les islamismes» selon le journal *Libération*[3], a axé sa défense sur «l'islamophobie» et le «racisme» dont il serait victime[4]. En 2012, déjà, Tariq Ramadan pointait la responsabilité de la société française dans un article, «Les enseignements de Toulouse», mis en ligne sur son blog peu après les attentats perpétrés par Mohamed Merah. Selon le prédicateur, c'est la société française, par son «racisme», son «système d'exclusion» et ses «discriminations», qui aurait fabriqué cette victime qu'est Mohamed Merah, ce «citoyen français frustré de ne pas trouver sa place, sa dignité, et le sens de sa vie dans son pays[5]».

Parfois, cette «explication» par l'islamophobie joue le rôle d'une justification au moins partielle des engagements dans le djihad armé, et pas seulement par des islamistes. Le même argument était utilisé par François Kalfon, responsable socialiste, sur le plateau d'I-Télé en 2014 : «Si les Français de confession musulmane partent faire le djihad en Syrie, c'est parce qu'il y a eu le développement,

---

1. Tariq Ramadan : «Le contexte politique français fait qu'un musulman "qui pratique sa religion devient suspect"», propos recueillis par Feïza Ben Mohamed, agence Anadolu, Istanbul, 29 septembre 2022.
2. Tariq Ramadan a été acquitté en première instance en Suisse le 24 mai 2023, la plaignante a fait appel.
3. Christophe Ayad, «La langue d'Aladin», *Libération*, 8 juillet 2003.
4. Bernadette Sauvaget, «Tariq Ramadan axe désormais sa défense sur l'islamophobie», *Libération*, 17 mai 2020.
5. https://blogs.mediapart.fr/donkrimo/blog/030412/lenseignement-de-toulouse

par certains, d'un climat d'islamophobie[1]. » Les jeunes djihadistes seraient avant tout des victimes du « racisme anti-musulman ». Une assertion que l'on peut aisément réfuter, car localement, dans toute l'Europe, les départs vers les zones de djihad ont souvent été le fait de jeunes venant de petites communautés qui n'étaient en aucun cas victimes de précarité ou de discrimination. Au contraire, beaucoup de départs ont eu lieu depuis les pays les plus égalitaires d'Europe du Nord, comme la Suède ou le Danemark, ou les plus ouverts au communautarisme, comme la Grande-Bretagne. Ainsi, une telle interprétation revient tout simplement à prendre pour argent comptant l'argumentaire des djihadistes eux-mêmes...

L'utilisation de ce terme, en tout état de cause, dépasse largement les cercles salafo-fréristes aujourd'hui. Il a été repris tel quel dans la rhétorique militante antiraciste, qui le martèle. Ainsi, Houria Bouteldja, l'ancienne porte-parole du Parti des indigènes de la République, l'emploie à foison, elle qui assume une certaine filiation idéologique avec Alain Soral, intellectuel d'extrême droite, dans son ouvrage intitulé *Beaufs et barbares* : « Soral a fait quelque chose d'encore plus remarquable, écrit-elle. À travers son admiration équivoque pour l'islam, devinant l'attachement des musulmans à des formes de transcendance échappant à la logique moderne, séculariste et capitaliste, il a éprouvé le désert culturel des siens[2]. » Alain Soral a été condamné à vingt-huit reprises en onze ans par la justice française pour injures, incitation à la

---
1. https://www.youtube.com/watch?v=EcQOvHCEQ8Q
2. Houria Bouteldja, *Beaufs et barbares : le pari du nous*, Paris, La Fabrique, 2023.

haine, contestation de crimes contre l'humanité, apologie de crimes de guerre et contre l'humanité. Ce fut aussi l'ami et l'éminence grise de Dieudonné, idole des cours de récréation dans certains établissements. Cette complaisance d'Houria Bouteldja à l'égard d'Alain Soral en rappelle d'autres : celles par exemple qui étaient accordées à Robert Faurisson et Paul Rassinier par l'ultragauche en France au tournant des années 1980.

Houria Bouteldja est intervenue à de nombreuses reprises dans des conférences sur l'islamophobie, jusqu'à l'université Berkeley, en Californie. C'est un campus qui héberge souvent des colloques sur cette thématique, mais aussi une chaire d'étude très officielle sur l'islamophobie, ainsi qu'une publication annuelle, *Islamophobia Studies Journal*. La France y est régulièrement visée pour sa laïcité, décrite comme l'instrument d'un pouvoir colonial. Les voisins canadiens ont eu eux aussi droit à un traitement spécial en 2022, où un rapport a fustigé « l'industrie islamophobe canadienne[1] ».

En février 2023, une réunion en petit comité a lieu dans le onzième arrondissement de Paris entre des militants de la mouvance décoloniale et des sympathisants islamistes. Elle résume bien comment la notion d'islamophobie rassemble les nouveaux militants antiracistes et les islamistes. À la table, Nadia Meziane, journaliste à *Mediapart*, Elias D'Imzalène, sulfureux fondateur du site communautaire Islam et info[2], Julien Talpin,

---

1. Jasmin Zine, « The Canadian islamophobia industry: mapping islamophobia's ecosystem in the Great White North », Berkeley, 2022.
2. Jean-Loup Adenor, « Au Parlement européen, les sulfureux invités d'une conférence sur "l'islamophobie" », *Marianne*, 6 mai 2022.

sociologue et chercheur du CNRS, ou encore l'imam Noureddine Aoussat, un ultraconservateur. Selon les mots d'Elias D'Imzalène, le but de la réunion, c'est que « l'islamisme politique se rapproche de collectifs de la gauche révolutionnaire et de la gauche dite décoloniale ». Pendant deux heures, un mot est martelé, là encore : « islamophobie ». Tel reportage sur la ville de Roubaix est « islamophobe », la « violence islamophobe de France », « plus jamais nous ne laisserons passer cette parole islamophobe ». Elias d'Imzalène a particulièrement dans le viseur la loi dite « séparatisme » de 2021, mais pour atteindre sa cible, il passe par un rappel : « L'islamophobie en France est ancienne, dit-il, je ne vais pas revenir au temps des croisades ou à la guerre d'Algérie et la colonisation, mais on va parler des lois récentes : la loi de 2004 qui vise nos sœurs qui portent le *hijab*, celle de 2010 qui vise nos sœurs qui portent le *niqab* ». D'Imzalène qualifie toutes les lois comprises entre 2004 et 2010… d'« islamophobes ». Même l'état d'urgence de 2015 en pleine période d'attentats islamistes est « islamophobe ». La loi « séparatisme » de 2021 est qualifiée de « rouleau compresseur islamophobe ». Et les « islamophobes sont d'extrême droite ou d'extrême centre [sic] ». « Il faut que la France reconnaisse qu'elle est pluriculturelle et non qu'elle est une et indivisible », conclut-il. Ce qu'il oublie de préciser, c'est qu'en France la République est « une et indivisible », selon l'article premier de sa Constitution. Un discours donc clairement antirépublicain, tenu en public en plein Paris, en 2023. La liberté d'expression, pilier de notre démocratie, est une liberté dont se servent habilement ses ennemis.

Les militants islamistes ont réussi à imposer le concept d'«islamophobie» dans le vocabulaire de leurs alliés antiracistes wokes. Ne restait plus qu'à partir à l'assaut d'une reconnaissance institutionnelle. *Via* les universités, les institutions européennes, et l'ONU, c'est désormais chose quasi faite.

À l'assaut des institutions pour établir le délit d'islamophobie

Il est rare qu'un mois passe sans qu'un député français issu des rangs de l'extrême gauche de l'hémicycle ne fasse une sortie sur l'islamophobie en France[1], histoire sans doute de donner des gages à ses électeurs. Le but est clair : banaliser le terme, et faire croire qu'il s'agit d'un délit puni par la loi. Idiots utiles ou vrais zélotes, ils sont légion, et pas seulement en France.

Ces dix dernières années, dans l'Hexagone, deux cent dix-sept thèses soutenues ou en cours d'élaboration abordent le thème de l'islamophobie[2]. Une infime minorité remet en cause le concept ; la plupart le valide au contraire. Citons quelques titres : «Religion et discrimination : études psychosociales de l'islamophobie et de

---
1. https://twitter.com/Deputee_Obono/status/1605172721691889664?s=20
https://twitter.com/ErsiliaSoudais/status/1636111169168502792?s=20
2. Selon l'annuaire theses.fr, de l'Agence bibliographique de l'enseignement supérieur (mai 2023).

ses conséquences chez une population de confession musulmane», «Nouvelles stratégies de luttes antiracistes : le cas des mouvements sociaux anti-islamophobie», «L'islamophobie et ses formes dans la société britannique après les attentats du 11 septembre 2001», «Interculturalité et violences verbales dans les discours politico-médiatiques français : enjeux sémantiques et sociodiscursifs autour de [sic] racisme, islamophobie et antisémitisme»... On pourrait continuer longtemps. De très rares thèses, dont l'une qui porte d'ailleurs sur le blasphème en démocratie[1], questionnent la pertinence du concept d'islamophobie : sinon, la plupart du temps, il est passé dans le vocabulaire académique comme une lettre à la poste.

Il n'est pas jusqu'à l'ONU qui n'ait cédé, en créant, sur la proposition du Pakistan, une journée internationale de lutte contre l'islamophobie le 15 mars 2022. Aux États-Unis, deux élus démocrates, Jan Schakowsky et Ilhan Omar, travaillent activement à pousser l'administration Biden à mettre en place un bureau chargé de la lutte contre l'islamophobie au sein du département d'État américain. Un activisme qui tranche avec celui de Masih Alinejad, Iranienne réfugiée aux États-Unis, qui depuis le début de la révolte contre les mollahs en 2022 demande en vain le soutien de ces élus, qui le lui ont refusé. Elle s'en était émue sur Twitter : «Je n'aurais jamais imaginé, écrivait-elle, qu'un jour, un membre du Congrès, une compatriote de couleur, rejoigne mes

---

1. Anastasia Colosimo, «Juger de la religion : droit, politique et liberté face au blasphème en démocratie», thèse de l'Institut d'études politiques de Paris, 2018.

oppresseurs pour tenter de me diffamer.» Elle s'est bien entendu opposée au projet de loi sur l'islamophobie déposé au Congrès par Ilhan Omar[1].

Au Canada, la nomination d'Amira Elghawaby au titre de représentante spéciale de la lutte contre l'islamophobie au gouvernement fédéral le 26 janvier 2023 a aussi fait de nombreux remous. Elle avait soutenu en 2019 qu'une majorité de Québécois étaient animés par un sentiment antimusulman. Deux cents personnalités se sont émues de cette nomination dans une lettre au Premier ministre Justin Trudeau. «Un grand nombre de signataires de tradition ou de confession musulmanes au Canada, précise Radio-Canada, refusent d'être associés à une "communauté musulmane", représentée de surcroît par des personnes qui adhèrent à une vision intégriste de l'islam[2].»

Les institutions de l'Union européenne ne sont pas en reste. Elles se sont doté d'un coordinateur chargé de la lutte contre l'islamophobie en 2018, ayant pour mission de traiter les discours et les crimes de haine, ainsi que les discriminations à l'encontre des musulmans. Sur le site du Service diplomatique de l'UE, le ton woke est donné : «Bien que l'UE se distingue par sa diversité, elle connaît aussi le racisme systémique», est-il très officiellement écrit. Et «l'islamophobie» n'est jamais loin derrière. Divers programmes financés par la Commission européenne entendent lutter contre ce mal

---

1. Masih Alinejad, «Why I'm opposed to Ilhan Omar's bill against Islamophobia», *The Washington Post*, 25 janvier 2022.
2. «Plus de 200 personnes exigent le départ d'Amira Elghawaby et l'abolition de son poste», Radio-Canada, 6 février 2023.

dans toute l'Europe : en Italie avec les programmes contre l'islamophobie MEET[1] ou TTIP[2] subventionnés à hauteur respectivement de 400 000 et 300 000 euros, mais aussi en Grèce avec une aide de l'UE pour une association de « femmes luttant contre l'islamophobie[3] », ou encore en Espagne. Un programme contre l'islamophobie est aussi subventionné en Slovaquie, tout comme en République tchèque, en Belgique, et même en Irlande, où la population musulmane ne compte que dix-sept mille personnes, soit 1 % de la population totale.

Les liens des institutions européennes avec les lobbyistes sont connus. Mais parfois, cela va plus loin. En décembre 2022, un scandale dit du « Qatargate », du nom de ce petit pays du golfe Persique, refuge de longue date des Frères musulmans, a éclaté au Parlement européen. Six personnes ont été arrêtées, et trois écrouées, dont la vice-présidente du Parlement européen, qui a été destituée. La police belge les soupçonne d'avoir été directement corrompues par les États qatari et marocain. Des sacs de billets ont en effet été retrouvés en flagrant délit au domicile de deux d'entre elles. Le principal accusé, Antonio Panzeri, un ancien eurodéputé, présentait selon le journal *Libération* un profil idéal : « Ancien leader syndical formé dans les rangs du Parti communiste italien, eurodéputé de gauche pour trois mandats consécutifs et militant des droits de l'homme. Le Qatar pouvait

---

1. https://ec.europa.eu/info/funding-tenders/opportunities/portal/screen/opportunities/projects-details/31076817/848472/REC
2. https://ec.europa.eu/info/funding-tenders/opportunities/portal/screen/opportunities/projects-details/31076817/848367/REC
3. https://ec.europa.eu/info/funding-tenders/opportunities/portal/screen/opportunities/projects-details/31076817/875185/REC

Chantage à l'islamophobie

difficilement trouver un candidat avec une meilleure couverture pour tenter d'infiltrer, ou tout du moins d'influencer, les institutions européennes[1]. » Quelques jours plus tôt, la vice-présidente, Eva Kaïlí, s'était rendue à Doha. À son retour, elle s'était exprimée pour vanter les mérites du Qatar à la tribune du Parlement européen.

Alors, à quoi servent exactement ces subventions officiellement versées pour « lutter contre l'islamophobie » ? Entre autres, à financer des campagnes pro-voile, l'étendard islamiste, devenu celui de la communication sur la « diversité », chère au wokisme en Europe et en Amérique du Nord.

---

1. Éric Jozsef, « Scandale à Bruxelles : au Parlement européen, la toile italienne tissée par le Qatar », *Libération*, 13 décembre 2022.

5

Le féminisme islamiste

Oxymore : du grec oxymoron *(*oxus, *aigu et* môros, *fou), l'oxymore consiste à allier deux termes aux sens contradictoires pour renforcer un propos*[1].

La diversité est dans le voile

Elle est le visage de la candidature de Bruxelles capitale culturelle de l'année 2030. Avec son très joli voile carmin et son sourire engageant, Fatima Zibouh est en septembre 2022 sur la scène du TEDxBrussels[2], où elle réalise un *one-woman-show* sans fautes d'une dizaine de minutes. Elle expose « des idées qui en valent la peine », selon la brochure de l'organisation, comme l'ont fait avant elle d'autres invités, devant un parterre d'un millier de personnes. Au sein du service bruxellois de l'emploi,

---
1. Jean-Loup Chiflet, « Figures de style : qu'est-ce qu'un oxymore ? », *Le Figaro*, 22 juin 2021.
2. https://www.youtube.com/watch?v=6wE3WZXT96o

c'est une experte des questions d'inclusion, de discrimination et de diversité. En 2020, déjà, elle avait été désignée ambassadrice de la diversité belge par le ministère des Affaires étrangères. «On est tous concernés par la diversité, explique cette "Bruxelloise depuis trois générations". La diversité, c'est être invité à une fête, l'inclusion, c'est être invité à danser. Cette distinction est intéressante mais selon moi elle n'est pas suffisante [...] Je plaide pour une inclusion radicale. Une inclusion radicale, cela veut dire qu'on n'est pas seulement invité à la fête, cela veut dire qu'on participe à l'organisation de la fête.»

Fatima Zibouh sait de quoi elle parle. Elle est depuis 2020 membre du comité exécutif d'une association, le Comité intersectionnel pour la justice à Berlin, en compagnie d'une autre figure du mouvement décolonial bien connue en France : Rokhaya Diallo. Cette dernière est devenue l'un des visages de la diversité et du féminisme intersectionnel. Et pourtant... La militante française soutenait le parti tunisien Ennahdha, alors même que celui-ci refusait d'inscrire l'égalité des sexes dans la Constitution, qualifiant les esprits critiques... d'islamophobes, bien sûr. Elle en prenait la défense, par exemple, en ces termes : «On parle d'islamisme mais le terme ne me semble pas approprié puisque quand on parle d'islamisme on parle déjà d'extrémisme. Or ce parti est surtout caractérisé par le fait qu'il est musulman[1].» Rappelons que le dirigeant du parti Ennahdha, dont les bureaux sont désormais fermés en Tunisie, revendiquait lui-même l'adjectif «islamiste» et

---

1. Chronique de Rokhaya Diallo sur I-Télé, le 27 octobre 2011. Accessible sur https://www.facebook.com/watch/?v=391431477866698https ://www.facebook.com/watch/?v=391431477866698

Le féminisme islamiste

faisait partie du Conseil européen de la *fatwa*, avec Youssef al-Qaradawi, théologien des Frères musulmans[1]. Par ailleurs, cette figure du féminisme français n'avait pas hésité, au dîner annuel organisé par le CCIF en 2014, à partager sa soirée avec d'autres «féministes» comme Nader Abou Anas, un prêcheur très populaire sur les réseaux sociaux, ou l'ex-imam de Brest, Rachid Abou Houdeyfa, qui avait défrayé la chronique en déclarant qu'«écouter de la musique est interdit» et que «ceux qui l'aiment risquent d'être transformés en singes et en porcs[2]».

Fatima Zibouh et Rokhaya Diallo ont participé au même programme de voyage dans les universités d'outre-Atlantique organisé par le département d'État américain. Le CIJ, l'organisme dans lequel elles sont nommées, a été créé par Kimberlé Crenshaw, la papesse du mouvement intersectionnel. Le but de cet organisme européen : militer pour promouvoir la diversité et la lutte contre les discriminations. Discrimination sexiste bien entendu, mais pas seulement : car les femmes issues des minorités doivent aussi affronter un plafond de verre lié à leur origine, et à… leur religion. Et cette lutte passe par la promotion du voile, naturellement, comme outil de diversité : «[…] Pour attirer ces talents et éviter leur fuite vers des pays ou des régions plus multiculturels, il est essentiel d'intégrer l'image de ces femmes voilées dans les campagnes de communication externe[3].» En clair,

---

1. Sur la pensée de Youssef al-Qaradawi, voir aussi chapitre 3.
2. https://www.youtube.com/watch?v=QKrGN3zQGHM
3. «Intersectionnalité : analyse de la transposition du concept d'intersectionnalité dans le cadre de la réforme des instruments de promotion de la diversité et de lutte contre les discriminations», Center for Intersectional Justice-Actiris, Bruxelles, 2018.

«organiser la fête», cela veut donc dire militer entre autres pour normaliser le voile dans la société, et imposer les règles qui le permettent, par le *soft power* de la communication, puis par la loi.

Gare à qui oserait émettre l'idée que le port du voile islamiste est l'affirmation d'une adhésion à une pratique religieuse conservatrice, paternaliste, sexiste, identitaire, homophobe… Il serait taxé immédiatement d'intolérance : le voile est un symbole de diversité, et à ce titre, il mérite le respect pour les adeptes du mouvement intersectionnel. Mettre en doute cet axiome serait une attitude raciste ou xénophobe.

C'est ainsi que l'Union européenne – est-ce grâce à la persuasion des billets provenant du Qatar retrouvés chez la vice-présidente du Parlement ? – organise des campagnes régulières pour promouvoir le voilement des femmes, signe de «diversité». En novembre 2021, elle a cofinancé «une campagne contre les discours de haine menée par le département de l'inclusion et de la lutte contre les discriminations» du Conseil de l'Europe. Les slogans sont, comme l'expression «féminisme islamiste», des oxymores : «La beauté est dans la diversité, comme la liberté est dans le *hijab*» ou encore «Mon voile, mon choix». Comme l'écrivait George Orwell dans *1984* : «La guerre c'est la paix, la liberté c'est l'esclavage, l'ignorance c'est la force.» À la suite de la protestation de Sarah El Haïry, la secrétaire d'État française chargée de la Jeunesse, la campagne a été retirée par le Conseil de l'Europe. Mais, en septembre 2022, c'est la Commission européenne qui promeut à son tour le voilement, cette fois des petites filles, comme le montre une affiche qu'elle publie sur son site, avant de la retirer rapidement face à la polémique qu'elle déclenche.

Les institutions européennes prônent la diversité avec le port du voile, tout comme les organisations de défense des droits de l'homme.

Le 7 mars 2021, la Suisse, plus vieille démocratie du monde, organise une votation d'initiative populaire pour «l'interdiction de se dissimuler le visage» dans l'espace public. L'initiative est adoptée à une courte majorité de 51,2 % des voix. On ne parle pas ici d'un simple voile sur les cheveux, mais du *niqab*, ce voile intégral d'origine saoudienne qui ne laisse apparaître que les yeux des femmes. L'ONU «regrette profondément le résultat du référendum», par la voix de sa porte-parole du Haut-Commissariat aux droits de l'homme, Ravina Shamdasani : «Maintenant que l'initiative a été adoptée, à la suite d'une campagne publicitaire politique aux tonalités xénophobes, la Suisse rejoint le petit nombre de pays où la discrimination active contre les musulmanes est désormais sanctionnée par le droit.» Il est vrai que l'ONU, dont la Commission pour les droits des femmes compte aujourd'hui parmi ses membres l'Iran et le Pakistan, s'y connaît en lutte pour la diversité et contre les discriminations.

Le parlement et le gouvernement suisses ne sont pas à l'origine de cette interdiction, qui ne concerne qu'un nombre réduit de personnes dans le pays : le voile intégral est en effet très peu courant chez les quatre cent mille musulmans qui habitent la Suisse. Par ailleurs, l'interdiction ne concernera pas les touristes y venant en voyage. Qu'à cela ne tienne, une organisation de défense des droits de l'homme a participé activement à la campagne en faveur du port du voile intégral en Suisse : Amnesty International. Pour Cyrielle Huguenot, sa responsable chargée des droits des femmes, «l'interdiction du voile intégral ne peut absolument pas être considérée comme une mesure de libération des femmes. Au contraire, il s'agit d'une politique dangereuse qui violerait certains droits des femmes, notamment leur droit à la liberté d'expression et de religion. Cette interdiction aurait un effet particulièrement négatif sur les femmes musulmanes qui choisissent de porter le *niqab* ou la *burqa*. Si nous voulons vraiment respecter les droits des femmes, nous devons laisser les femmes décider de leur manière de s'habiller. Si l'intention de cette loi est de protéger les droits des femmes, c'est un échec total. En proposant de sanctionner des femmes pour le choix de leur tenue, elle va à l'encontre des libertés que la Suisse prétend défendre. Une interdiction de ce type serait discriminatoire. Elle comporterait en outre le risque de stigmatiser les femmes appartenant à un groupe de population déjà marginalisé, de renforcer les stéréotypes et d'accroître l'intolérance[1]».

Cette campagne pro-*burqa*, qui rejoint celle des prédicateurs salafistes les plus zélés, est menée depuis 2019 au niveau international par l'organisation. La diversité doit donc, si l'on en croit Amnesty International, également inclure les religieux intégristes.

Or, comment ne pas s'interroger sur cette rhétorique totalement inversée concernant ce qui ne serait «qu'un

---

1. Cyrielle Huguenot, «L'interdiction du voile intégral est discriminatoire et porte atteinte aux droits des femmes», Amnesty International, communiqué de presse, 4 mars 2021.

Le féminisme islamiste

vêtement » ? Amnesty pratique le relativisme comme un sport de combat. Le voile, pour ces militants antiracistes, serait comme le nuage de Tchernobyl qui s'arrête aux frontières : oppressif en Iran, il serait symbole de liberté et de diversité en Europe et en Amérique du Nord. Un simple accessoire de mode... Que l'on pourrait choisir de porter, ou de ne pas porter. Comment ne pas voir le paternalisme et le sexisme de cette position ?

Naëm Bestandji a longtemps été animateur socioculturel dans les quartiers populaires de Grenoble, où il habite toujours. Il a réalisé plusieurs entretiens avec des femmes voilées, sans compter les femmes de son entourage qui ont décidé de porter le voile, qu'il a côtoyées et observées. Il en a tiré un livre édifiant[1]. « Le plus important, explique-t-il, ce n'est pas le discours. C'est ce qu'il y a derrière. » Or, derrière l'apparence d'épanouissement et le respect promis aux femmes qui se voilent, c'est l'absence de respect et la promesse de l'enfer que risquent celles qui ne le feraient pas. C'est ce qui ressort de tous les entretiens qu'il a menés. Nul « libre choix » dans le port du voile, ou alors une alternative biaisée... Le paradis si l'on porte le voile, l'enfer si on ne le porte pas...

Et il fustige ceux qui, tout en se disant progressistes, soutiennent cette oppression parfois intériorisée : « Bien confortablement attablés dans leurs bars à tapas de l'Est parisien, s'emporte Naëm Bestandji, ces relativistes, gageons-en, sont moins "dérangés" par le voile que les jeunes filles qui se font harceler à la sortie de leur barre

---

1. Naëm Bestandji, *Le Linceul du féminisme : caresser l'islamisme dans le sens du voile*, Bagnolet, Seramis, 2021.

d'immeuble lorsqu'elles portent une jupe et pas le voile.» Les militants wokes prônant le voile comme un symbole de diversité ont simplement adopté la rhétorique des islamistes. Or, les interprétations divergent sur cette question entre théologiens et islamologues. Pour Kahina Bahloul, première femme imame de France, comme pour le recteur de la Grande Mosquée de Paris, le voile n'est absolument pas une obligation en islam[1]. Chantal de Rudder explique bien dans son ouvrage, *Un voile sur le monde*, que son objet n'est au départ aucunement religieux, mais qu'il s'agit «d'une très ancienne coutume patriarcale qui fut largement partagée» depuis l'Antiquité autour de la Méditerranée[2]. Elle cite d'ailleurs l'historienne Carol Mann, pour qui «ce n'est qu'à partir du dernier quart du XXe siècle que cet élément de costume a été redéfini à travers l'islam politique, légitimé par une reconfiguration rigoriste du Coran[3]».

Pour les fondamentalistes, il a désormais une utilité bien précise. Outre qu'il est devenu un étendard politique, il sert à inférioriser les femmes en étant un instrument de «pudeur».

Un néoféminisme bien loin du féminisme

Au nom de la liberté des femmes, on trouve donc aujourd'hui des néoféministes qui promeuvent un vêtement

---

1. Kahina Bahloul, *Mon islam, ma liberté*, Paris, Albin Michel, 2021.
2. Chantal de Rudder, *Un voile sur le monde*, Paris, L'Observatoire, 2021.
3. Carol Mann, *De la* burqa *afghane à la* hijabista *mondialisée*, Paris, L'Harmattan, 2017.

Le féminisme islamiste

totalement sexiste qui symbolise l'infériorité des femmes. Il suffit de lire la littérature salafiste, en vente dans les librairies spécialisées ou sur Internet, pour voir que les femmes y sont considérées comme des objets sexuels à cacher des regards concupiscents : « Le *jilbab*[1] est la tenue vestimentaire spécifique à la femme musulmane et conforme aux normes légiférées par le Coran et la *Sounna*[2] », explique-t-on dans l'un de ces ouvrages. « À titre de rappel, ce vêtement doit couvrir l'ensemble du corps, il doit être ample, large, opaque et non moulant. Il ne doit pas être transparent, ni constituer une parure et ne pas dessiner le corps, bien au contraire, cet habit est l'emblème de la pudeur[3]. » Un autre ouvrage écrit par le président du Conseil des *oulémas* d'Arabie saoudite et disponible en France dans toute bonne librairie islamique précise : « Le voile intégral est un ordre divin et non une coutume parce qu'il a été ordonné par Allah et Son Messager, c'est aussi une qualité morale et fait partie de la pudeur [*sic*]. Or, la décence est sans doute une qualité qui fait partie de la foi[4]. »

Un vêtement qui sert à cacher la femme des regards masculins à l'extérieur du foyer, s'il faut absolument

---

1. « *Jilbab* – ou *jilbeb* : voile très long et très large qui couvre le corps de la femme de la tête aux pieds, y compris jusqu'aux poignets. Mais il laisse apparaître le visage. Le tchador iranien s'apparente au *jilbeb*. », dans « Repères : *niqab, burqa*, voile… », *Libération*, 13 janvier 2010.
2. « *Sounna* : ensemble des paroles du Prophète, de ses actions et de ses jugements, tels qu'ils sont fixés dans les *hadiths* et qui constituent pour tout musulman un modèle à suivre », *Dictionnaire Larousse en ligne*, consulté le 12 juin 2023 sur https://www.larousse.fr/dictionnaires/francais/sunna/75404
3. Sheikh Dr. Salih al-Fawzan, *Le Rôle de la femme dans l'éducation du foyer*, traduit de l'arabe par le Bureau des traductions, Paris, Dine Al-Haqq, 2020.
4. Abdul Aziz Ibn Baz, *Conseils pour une vie conjugale agréable*, traduit de l'arabe par le Bureau des traductions, Paris, Dine Al-Haqq, 2020.

sortir. Car la place de la femme est très claire : « La place de la femme qui lui revient naturellement est celle de son foyer et convient à sa tâche[1]. » Un peu plus loin, le livre précise : « Le fait que la femme se limite à son foyer correspond à la logique relative à sa nature originelle et s'accorde parfaitement avec ses tâches et son tempérament. » Le travail effectué à l'extérieur du foyer sera « exceptionnel », car il occasionnerait des « méfaits liés à la mixité ». Dans ces nombreux petits livres qui guident la vie quotidienne des « croyants », on trouvera des recommandations essentielles comme : « Les hommes ont autorité sur les femmes... », ou « La femme doit obéissance absolue à son mari sauf lorsque cela comporte une désobéissance à Allah ». Outre la légitimation du viol conjugal[2], on trouvera dans ce genre de littérature qui promeut le voile comme une vertu, « l'interdiction absolue de frapper le visage[3] » (mais pas le reste) par le mari, les conseils pour une polygamie éclairée, l'accord des parents pour le djihad... Ce livre de recommandations pour les droits des croyantes (acheté au hasard, parmi d'autres), dit tout de même « qu'enterrer les filles vivantes est un grand péché », et que les parents auront du « mérite à élever une fille ». « Frappez-les, conseille l'auteur, mais en restant conformes à la bienséance et sans violence, en cherchant à les éduquer car le but n'est pas de leur faire mal mais de les corriger de

---
1. Sheikh Dr. Salih al-Fawzan, *op. cit.*
2. *Ibid.*
3. Umm Salamah Bint Ali al-Abbasi, *Les Droits des croyantes*, Tawbah, Paris, 2017.

façon non affligeante[1]. » Ce genre d'ouvrages n'est malheureusement pas une exception. Les études d'Anne-Laure Zwilling ont montré que ces livres issus de la littérature salafiste, saoudienne pour la plupart, sont quantitativement présents de manière très impressionnante dans les librairies islamiques[2].

On le voit, le féminisme islamiste est à la pointe du progrès concernant les droits des femmes. Et pourtant, c'est tout cela que protègent nos néoféministes quand elles défendent le port du voile. Le sexisme est acceptable s'il est exotique, en quelque sorte.

Selon les féministes intersectionnelles, les discriminations se superposent : on est femme, noire, pauvre... Mais une seule chose sera intouchable : le groupe ethnico-religieux auquel appartient le mâle dominant selon l'adage désormais bien connu que le dominant ne peut être que «blanc et hétéropatriarcal». Un «racisé» ne peut pas dominer un autre «racisé». «Quant au processus psychologique qui pousse des femmes encadrées par des hommes prosélytes à se voiler, il n'est pas interrogé, explique Naëm Bestandji, la servitude volontaire est rebaptisée "libre choix" et "émancipation"[3].» Apparemment, chercher à savoir comment se construit le consentement ne vient à l'idée de personne.

Pour certaines jeunes filles, le voile n'est même pas seulement lié au prosélytisme, mais à la simple survie. Gabriel, qui tient à garder l'anonymat, a été travailleur

---

1. Sheikh Dr. Salih al-Fawzan, *op. cit.*
2. Anne-Laure Zwilling, Jérémy Guedj (dir.), *Réalité(s) du communautarisme religieux*, Paris, CNRS, 2020.
3. Naëm Bestandji, *op. cit.*

social pendant sept ans dans le secteur de l'aide sociale à l'enfance en Seine-Saint-Denis. La quarantaine, il intervient auprès de jeunes en difficulté. Il a recueilli des dizaines de témoignages de jeunes adolescents, qu'il raconte dans une émission sur Radio libertaire[1]. «À force, il y a des invariants, explique-t-il. Des jeunes filles, et des garçons aussi, sont en proie à des violences sexuelles quotidiennes depuis assez jeunes. Il y a une espèce de petit scénario qu'on retrouve, une stratégie mise en place par des adolescents de leur âge, une jeune adolescente par exemple à qui un camarade de classe demande de l'accompagner. Il jette son sac à l'intérieur, et elle se précipite pour le récupérer. Il l'enferme chez lui, et une scène de viol s'ensuit. De retour chez elle, elle se fait taper par son cousin parce qu'elle est en retard, et n'ose rien dire. Cette jeune fille de treize ans était vierge. C'est un scénario qu'on retrouve assez souvent», explique Gabriel. Il raconte des histoires qui se ressemblent dans le sordide : «J'ai fait confiance à la fille, elle m'a amenée chez son copain mais après elle est partie et des garçons sont venus, j'ai dû coucher avec tout le monde, j'ai peur que ça recommence et surtout que ça se sache, mon père va me tuer.» Des témoignages comme ceux-là, Gabriel en relate des dizaines : «Les viols, tournantes, pressions constantes, fellations à la sauvette, tabassages de jeunes, se font en toute impunité chaque jour, et chaque jour un pénis rentre dans une bouche ou un corps qui ne le veut pas. [...] Pourquoi se gêner? Personne n'en saura rien.

---

1. «Violences sexuelles dans les quartiers», émission «Offensive sonore», Radio libertaire, 2 avril 2021. https://offensivesonore.blogspot.com/2021/04/violences-sexuelles-dans-les-quartiers.html

Le féminisme islamiste

Territoires perdus de la morale et du consentement.» Cela provoque beaucoup de stress sur l'habillement. «Le choix paraît simple, explique Gabriel, c'est de s'habiller de manière à ne pas être attractive, mettre un voile et une tenue informe en montrant une piété ostensible, ou s'habiller comme on veut et plonger dans la spirale infernale de critiques, micro-agressions ou viols qui peuvent mener la jeune fille à se prostituer. Une chose est sûre : une fois que l'environnement a décidé d'identifier et de qualifier la jeune de "pute", c'est terminé, il n'y a aucun moyen d'en sortir, et quand je dis "aucun", c'est bien réel. Seul le statut de maman protège.»

Les intersectionnelles et leurs alliées ne se rendent pas compte qu'en adoptant cette inversion rhétorique, et en faisant du voile un symbole de «diversité» et de «résistance au capitalisme», elles participent juste à l'extension du voilement des femmes musulmanes, et à la diabolisation du corps des femmes en général. Dans ce féminisme à temps partiel, le patriarcat islamiste n'est jamais interrogé. Les femmes immigrées ne vaudraient-elles pas ce combat? De quel type de néocolonialisme est-ce le signe? Une telle condescendance au nom de la tolérance est difficilement compréhensible. Si l'on va jusqu'au bout du raisonnement woke, cela signifie tout simplement que les droits humains ne sont pas universels : certains les méritent, d'autres non. «Comme il ne faut pas "stigmatiser les musulmans", on se taira donc sur le sort fait aux femmes, dit très justement Naëm Bestandji. On hésite entre rire et pleurer[1]...»

---

1. Naëm Bestandji, *op. cit.*

Quand la peur gouverne tout

Et pour détourner les yeux du but premier du voilement, qui est de ne pas exciter les bas instincts des hommes, on pratiquera le relativisme à grande échelle, en comparant le voile à un simple «pin's», comme celui de SOS-Racisme dans les années 1980, ou aux signes religieux des autres croyances, comme la croix ou la kippa. Depuis quand ces signes religieux sont-ils des outils de pudeur? Leur port n'a jamais signifié qu'il existait une hiérarchie entre les hommes et les femmes. On le comparera également au voile des nonnes, qui là encore n'a rien d'un symbole lié à la pudeur, puisque ces religieuses le portent aussi entre elles, contrairement aux musulmanes qui sont incitées à se voiler uniquement pour «ne pas exciter les hommes». Par ailleurs, seules les religieuses catholiques le portent, et non la population catholique féminine en général. La comparaison est donc absurde.

Il ne viendra à l'idée de personne d'inciter les hommes à se maîtriser. Au contraire, la littérature frérosalafiste abonde d'exemples où les femmes seront appelées à prendre les mesures nécessaires pour «se respecter», et ne pas être victimes de leurs bourreaux potentiels. Une photo partie d'Égypte est devenue virale sur Internet, et elle vaut mieux qu'un long discours: la femme y est comparée à une sucette qui, non couverte, attirera les mouches[1]. La rhétorique de culpabilisation et l'inversion des rôles fonctionnent à plein régime, avec la complicité des néoféministes.

---

1. Photomontage visible à cette adresse : https://observers.france24.com/fr/20080626--voile-egypte-harcelement-niqab-feminisme-islamisme

Le féminisme islamiste

La mode islamiste

Le courant fondamentaliste de l'islam a réussi à imposer le voilement des femmes comme «musulman», et non «islamiste». Surtout, il a réussi, grâce à la complicité du mouvement antiraciste, à l'imposer en tant que signe inné, au même titre que la couleur de peau ou l'âge. Un signe symbole de tolérance et d'ouverture, une valorisation de la «différence» qu'il ne sera pas bon de critiquer, sous peine d'être projeté dans la case «raciste», comme si l'adhésion à un extrémisme religieux était inscrite dans les gènes, et représentative de l'ensemble des croyants. La frange intégriste de l'islam, minoritaire parmi les musulmans, réussit donc, peu à peu, à grignoter l'espace public en faisant apparaître le port du voile comme normal, et non comme l'étendard d'une idéologie politique qui se veut un «projet total visant à codifier et à normer les rapports sociaux[1]».

Et les marques occidentales embrayent, tout naturellement. Les enseignes grand public Gap et Décathlon ont mis en avant le *hijab*. Et «les collections spéciales ramadan sont devenues incontournables pour nombre de grandes maisons de luxe occidentales», explique l'Agence France-Presse. «Elles sont pour la plupart vendues uniquement dans les pays du Golfe et s'adressent aux femmes», relate l'AFP, qui interroge des clientes présentes à Paris au défilé de mode du 14 avril 2023. «Le style oriental est beau aussi, il n'y a pas que la mode

---

1. Hakim El Karoui, «La fabrique de l'islamisme», Institut Montaigne, rapport, septembre 2018.

Quand la peur gouverne tout

occidentale », selon Feriale Faraj, la soixantaine, tête couverte d'un *hijab* coloré. Plus loin, Tamara, Russe aux cheveux blonds et jupe courte, dit « aimer porter des *abayas* » et se réjouit que « Dior cette année ait fait quelque chose de musulman, c'est très intéressant ». Pour Sofiane Si Merabet, fondateur de l'agence de marketing culturel Karta, basée à Dubaï, certaines marques s'engouffrent en mettant tous les clichés : la lune, le chameau, la femme dans le désert, les moucharabiehs... « On peut jouer avec les codes mais cela dépend vraiment comment c'est fait : ce qui est fondamental quand on parle de ramadan c'est l'authenticité, l'être-ensemble et non pas l'hyper-commercialisation. » On aurait juré l'inverse pourtant... Dans les centres commerciaux de Téhéran, au même moment, les mollahs sont en train d'installer des caméras de vidéosurveillance pour pouvoir ficher les femmes qui ne porteraient pas le voile. En Iran, plus de cinq cents personnes ont été tuées depuis le début des manifestations en septembre 2022, selon des estimations basses fournies par l'agence de presse Reuters. Le motif de la révolte est le rejet du port du voile par les Iraniennes, un simple « vêtement » qui fait trembler la dictature des mollahs. Il faut croire que l'accessoire de mode des collections printemps-été parisiennes n'est pas encore apprécié à sa juste valeur à Téhéran.

Pendant ce temps, le logo géant des mollahs et autres patriarches dominants trône dans la vitrine d'Adidas, sur les Champs-Élysées, à côté de celui d'un athlète transgenre. Car le prosélytisme doit aussi s'exercer sur les terrains de sport, là où les caméras seront braquées. Les « hijabeuses » d'Alliance citoyenne militent ainsi

Le féminisme islamiste

pour la « diversité » dans le football. Depuis 2020, elles défendent le droit des joueuses à porter le voile lors des compétitions officielles en France. « Ce que nous voulons, explique Founé Diawara, la présidente des hijabeuses, au *New York Times*, c'est être acceptées telles que nous sommes, mettre en œuvre ces grands slogans de diversité, d'inclusion. » Et si cette revendication rencontre des résistances, les hijabeuses préféreront ne pas retirer leur voile plutôt que jouer au football, dénonçant des « préjugés racistes et une confusion politique délibérément entretenue ». En 2021, les hijabeuses ont déposé un dossier à la Fédération française de football pour faire changer la réglementation[1]. Elles iront même jusqu'à saisir le Conseil d'État, soutenues par la Ligue des droits de l'homme. Tout cela, pour obtenir la liberté de porter un simple « accessoire de mode ». Les droits de l'homme n'incluent sans doute plus ceux de la femme pour la LDH… En face, l'avocat du Conseil d'État, Frédéric Thiriez, a au contraire opposé très justement l'argument d'égalité homme-femme et de la dignité de la femme au *hijab* dans le foot.

La signification que les mouvements antiracistes wokes et islamistes veulent donner à cette lutte, c'est que « l'islam n'est pas une religion choisie mais innée, au même titre que la couleur de peau », avance l'essayiste Naëm Bestandji[2]. Par ailleurs, ces militants nous disent ainsi

---

[1]. L'article 1 des statuts de la Fédération française de football indique que « sont interdits, à l'occasion de compétitions ou de manifestations organisées sur le territoire de la Fédération ou en lien avec celle-ci, tout port de signe ou tenue manifestant ostensiblement une appartenance politique, philosophique, religieuse ou syndicale ».
[2]. Naëm Bestandji, *op. cit.*

Quand la peur gouverne tout

accessoirement que sa frange extrémiste est représentative de tous les musulmans. «Les islamistes rêvaient de faire du voile un simple attribut physique, explique encore Naëm Bestandji, les intersectionnels l'ont fait.» Et de rappeler cette histoire oubliée : dans les années 1990, en Algérie, Katia Bengana et Amel Zenoune Zouani, dix-sept et vingt-deux ans, avaient été l'une criblée de balles, l'autre égorgée, parce qu'elles avaient refusé de porter, en signe d'insoumission, ce symbole du FIS[1] et du GIA[2]. Qui s'en souvient ? Vingt-cinq ans plus tard, on vante le «courage» de ces «hijabeuses»...

---

1. FIS : Front islamique du salut. Formation politique islamiste algérienne dissoute en 1992, dont le fondateur, Abassi Madani, est resté vivre au Qatar jusqu'à sa mort.
2. GIA : Groupe islamique armé. Organisation salafiste et djihadiste, principal acteur de la décennie noire, qui aurait fait deux cent mille morts en Algérie.

6

La liquidation des Lumières

*Ce n'est pas la lumière qui manque à notre regard,
c'est notre regard qui manque de lumière*[1].

L'universalisme jeté aux orties

Le 23 janvier 2023, des professionnels du monde artistique débattent autour de la notion des inégalités dans le milieu du spectacle à la Cité internationale des arts à Paris. La rencontre est organisée par le Syndeac, le Syndicat national des entreprises culturelles et artistiques. Son président, Nicolas Dubourg, introduit le débat en ces termes : «Il y a des discriminations multifactorielles qui s'agrègent dans le spectacle vivant et qui ne concernent pas que les femmes, mais aussi par exemple les racisés.» On voudrait cocher les cases du discours intersectionnel qu'on ne s'y prendrait pas autre-

---

1. Gustave Thibon, *L'Ignorance étoilée*, Paris, Fayard, 1974.

ment. Après un constat sur les discriminations «naturelles» qui existent dans le domaine de l'art, Constance Rivière, directrice du musée de l'Immigration et coauteure, avec Pap Ndiaye, du rapport sur la diversité à l'Opéra de Paris, arrive aux remèdes à mettre en place. Selon elle, il y a à présent une «nécessité de mesurer; l'interdiction des statistiques ethniques en France est dépassée». Un serpent de mer, car les statistiques ethniques ne sont pas interdites dans les faits en France, mais seulement très encadrées[1]. Bérénice Hamidi, maître de conférences en arts de la scène à l'université Lyon 2, participe à la deuxième table ronde. Elle y défend la censure de la pièce d'Eschyle, *Les Suppliantes*, le 25 mars 2019 à la Sorbonne, par des militants antiracistes wokes, et attaque l'universalisme : «Le "nous", dit-elle, c'est celui des hommes cis[2] blancs, c'est un "nous" qui prétend parler au nom de l'universalisme, mais sous condition.» Et de citer en exemple son «travail politique et ses spectacles qui interrogent avec complexité [*sic*] la laïcité, l'universalisme, le voile, l'islamophobie.» Ces quatre thématiques, que ne dénigreraient pas certains militants de l'islam politique, font régulièrement partie des discours intersectionnels : la laïcité à la française est présentée comme un combat contre les musulmans, l'universalisme est un synonyme de la domination de l'homme blanc, le voile serait une

---

1. Antoine Krempf, «Les statistiques ethniques sont-elles vraiment interdites en France?», *France Info*, 15 juin 2020.
2. Cis : «Concerne une personne dont l'identité de genre correspond au sexe qui lui a été assigné à la naissance (par opposition à *transgenre*).» (Dictionnaire *Le Robert*).

La liquidation des Lumières

liberté attaquée, et l'islamophobie, une discrimination des minorités « racisées ». Fermez le ban.

Les attaques contre l'héritage des Lumières sont devenues un poncif du mouvement antiraciste. Cet universalisme serait selon ces militants intersectionnels le signe de la domination de l'homme blanc, hétérosexuel, et par extension des pays occidentaux et colonisateurs. Il ne laisserait pas de place aux identités multiples et serait dépassé aujourd'hui. Il viserait uniquement à imposer au monde entier la civilisation et la liberté « blanches ». Ce serait d'ailleurs un processus d'autant plus sournois qu'il offrirait un beau visage : celui de l'émancipation.

Dans la logique de ce débat, ceux qui aujourd'hui se disent laïques, universalistes, qui soutiennent le combat des femmes iraniennes et afghanes, tout comme celui des femmes françaises qui souhaitent s'émanciper du port du voile, sont donc qualifiés de réactionnaires. L'universalisme serait une notion à ranger au placard de l'histoire.

Or, l'héritage de l'humanisme, et des penseurs des Lumières, c'est la conviction que l'être humain est sacré, abstraction faite de ses particularismes (sa culture, sa langue, sa couleur de peau)... Même si les Lumières n'ont évidemment pas fait disparaître le racisme, elles ont posé les bases de l'émancipation future des peuples victimes de racisme. Ces idées se sont incarnées ensuite dans la Déclaration des droits de l'homme, issue de la Révolution française. Des droits qui sont tout sauf abstraits : l'universel est pensé comme une machine de guerre très concrète pour inclure tous les hommes dans la sphère sociale d'un droit garanti. Écrire en 1789 : « Tous les hommes naissent et demeurent libres et égaux en droits » est révolutionnaire, en ce sens que tout le système des privilèges basé sur la naissance de l'Ancien Régime en sera bouleversé.

Après la Seconde Guerre mondiale et les conflits coloniaux, cet universalisme est battu en brèche : on lui reproche son abstraction. Aimé Césaire dénonce ce qu'il qualifie de réductionnisme européen, c'est-à-dire « l'instinctive tendance d'une civilisation éminente et prestigieuse à abuser de son prestige [...] en ramenant abusivement la notion d'universel à ses propres dimensions, autrement dit, à penser l'universel à partir de ses seuls postulats et à travers ses catégories propres ». Mais Césaire ne plaide pas pour la liquidation de l'universalisme, bien au contraire : il prône un universalisme concret, « à visage humain », fruit d'un dialogue horizontal entre les peuples. Et la philosophie suit le même chemin : l'universalisme devient latéral chez Merleau-Ponty, dialogique chez Foucault ou Habermas... D'ailleurs, tous les penseurs décoloniaux n'adoptent pas la même posture dogmatique : l'écrivain Souleymane Bachir Diagne, par exemple, est beaucoup plus nuancé et reprend à son compte cette idée que l'universalisme doit relier les hommes, comme il doit relier les langues à travers la magie de la traduction.

Mais beaucoup, dans le mouvement antiraciste actuel, n'ont pas la même retenue. Ils défendent la multiplicité d'identités, liquident l'universalisme et célèbrent le communautarisme. Et ces idées anti-Lumières n'ont rien de neuf. Les mêmes étaient défendues pendant la Révolution française par des contre-révolutionnaires comme Joseph de Maistre ou Louis de Bonald. Eux

La liquidation des Lumières

avançaient l'idée que l'homme n'était rien en dehors du corps social auquel il appartenait – pour eux, il s'agissait de la nation... Ils prônaient un retour à la monarchie absolue et ont inspiré depuis deux siècles la pensée conservatrice et réactionnaire. Des idées «réactionnaires» prétendument honnies par les militants antiracistes wokes contemporains, dont le raisonnement, pourtant, est identique. Or, le «droit à la différence» ne s'oppose pas à l'universalisme. C'est jeter le bébé avec l'eau du bain que de le croire, une sorte de caprice d'enfant gâté qui sacrifierait la liberté et l'émancipation au nom du droit des minorités, et de l'appartenance communautaire.

Le «droit à la différence», credo des années 1960 et 1970, se révèle aujourd'hui lourd d'ambiguïté. Au nom de la différence, on en vient à légitimer «des pratiques sociales et scolaires de ségrégation, de marginalisation, de ghettoïsation», écrivait déjà Bernard Charlot en 1990[1]. Et il ajoutait : «La laïcité, telle qu'elle s'est construite au XIXe siècle, n'est pas le refus de la différence, mais la volonté de distinguer clairement les domaines et les lieux qui seront soit placés sous le signe de l'universel, soit ouverts au jeu de la différence. Elle postule que, derrière les différences qui traduisent la multiplicité des individus et des conditions sociales, il existe au cœur de l'individu un noyau d'universalité qui le définit comme homme et comme citoyen.»

Le mouvement antiraciste woke met aujourd'hui ce «droit à la différence» en avant pour de tout autres raisons

---

1. Bernard Charlot, «Droit à la différence, droit à l'universel, droit au sens», *Hommes et migrations*, nos 1129-1130, février-mars 1990.

identitaires, en assignant l'individu à une communauté et à une identité prédéfinie. Une assignation qui réjouit par exemple Bernard Antony, fondateur de l'AGRIF[1], la ligue des catholiques intégristes, héritier de la droite nationaliste cléricale et antidreyfusarde. Malgré un désaccord sur les Blancs, il félicitait Houria Bouteldja pour son livre *Les Blancs, les Juifs et nous*[2], car, dit-il, «on retrouve dans son discours tous les accents nationalistes[3]». C'est là toute l'imposture du mouvement indigéniste en France, dont l'obsession pour la «race» et la couleur de peau le rapproche en réalité de l'extrême droite.

La science sur la sellette

Jacques Bouveresse, professeur de philosophie au Collège de France, avait écrit un texte prémonitoire en 2000 : «Il semble que le savoir ne soit plus, depuis un bon moment déjà, la chose à laquelle on aspire et que l'on cultive pour elle-même, mais une chose que l'on cherche plutôt à éviter, au profit d'une autre, considérée comme plus importante, que l'on peut appeler, au sens le plus large du terme, le salut. Comment peut-on expliquer sans cela le fait qu'un âge qui était supposé être celui de la raison et de la science ait engendré aussi naturellement et aussi facilement la vénération pour les dictateurs

---

1. AGRIF : Alliance générale contre le racisme et pour le respect de l'identité française et chrétienne.
2. Houria Bouteldja, *Les Blancs, les Juifs et nous : vers une politique de l'amour révolutionnaire*, Paris, La Fabrique, 2016.
3. «Houria Bouteldja, c'est du Barrès», interview de Bernard Antony sur Radio Courtoisie, le 13 avril 2016.

La liquidation des Lumières

(sans oublier, bien entendu, les dictateurs intellectuels), les "guides", les "chefs", les gourous, les prophètes et les rédempteurs de toutes sortes[1] ?» Un texte écrit vingt ans avant l'émergence d'un mouvement qui remet en cause de manière radicale la science.

La raison, issue des Lumières, est ce qui fonde la science. C'est l'idée que l'être humain n'est pas seulement rationnel, mais aussi raisonnable. Or, qu'y a-t-il de raisonnable dans le fait d'organiser des classes d'enseignement des mathématiques où les élèves sont regroupés par «couleurs de peau ressenties», comme on le voit aux États-Unis? Selon les mouvements antiracistes wokes, le racisme est un postulat de départ, qui se nicherait même dans les mathématiques, étant donné qu'il s'agit d'une science développée par les dominants «blancs». Concrètement, certaines écoles américaines prennent désormais en compte l'origine raciale des élèves, pour ne pas «stigmatiser» des populations «racisées», qui auraient, par nature, des difficultés avec une matière intrinsèquement blanche, donc raciste. Vous ne rêvez pas. Les premières «classes racisées» ont été mises en place dans la banlieue de Chicago, par exemple, où l'on regroupe les élèves en mathématiques selon la couleur de leur peau. Il y a ainsi une classe avec des personnes «s'identifiant comme noires», et une autre avec des jeunes «s'identifiant comme latinos» à Evanston, dans l'Illinois. Le but : former ces élèves aux mathématiques de manière «antiraciste», pour démanteler la

---

[1]. Jacques Bouveresse, «Les Lumières et la raison», dans «L'émancipation dans l'histoire», Paris, *Le Monde diplomatique*, «Manières de voir», n° 106, août-septembre 2000.

«suprématie blanche dans les classes de mathématiques», comme l'explique un fascicule qui décrit cet enseignement également mis en application dans divers districts scolaires de Géorgie, d'Ohio, de Californie et d'Oregon[1].

Les mathématiques sont vues comme issues d'«esprits blancs», donc dominatrices et inégalitaires. Leur enseignement doit par conséquent être différencié selon le public auquel il s'adresse. Deux plus deux égalent quatre est un concept qui en vaut un autre, après tout. Demander des réponses exactes et enseigner qu'il existe des vérités mathématiques serait «discriminant». Un manuel pour «démanteler le racisme dans l'enseignement des mathématiques» a ainsi été distribué dans différentes écoles américaines. «Que ce soit volontairement ou non, les enseignants de mathématiques perpétuent des pratiques élaborées par des Blancs pour des Blancs», explique le fascicule *Pathway*[2]. Et il cite de nombreuses caractéristiques : «Le perfectionnisme, le sentiment d'urgence, l'attitude défensive, la quantité qui prime sur la qualité, le culte de la parole écrite, le paternalisme, la pensée binaire, le contrôle du pouvoir, la peur du conflit, l'individualisme, le progrès comme une question quantitative, la prétention à l'objectivité et le droit au confort émotionnel.» Parmi les pratiques à bannir car trop «blanches», il ne faudrait pas, entre autres, lever la

---

1. Frédéric Morneau-Guérin, David Santarossa, Christian Boyer, *Le Démantèlement du racisme dans l'enseignement des mathématiques et l'effet cobra*, Montréal, Éditions de l'Apprentissage, 2022.
2. https://equitablemath.org/wp-content/uploads/sites/2/2020/11/1_STRIDE1.pdf

main : « Demander aux élèves de lever la main avant de parler peut renforcer le paternalisme et le contrôle du pouvoir, en plus de briser le processus de réflexion, d'apprentissage et de communication. »

Trois enseignants québécois ont publié une critique largement étayée des méthodes et des présupposés de ce fascicule[1]. Tout en gardant parfaitement leur sérieux pendant trente-trois pages pour « déconstruire la déconstruction », ils notent tout de même que les pédagogues antiracistes ne donnent aucune solution alternative à la pratique de lever sa main pour prendre la parole, ce qui peut poser un problème en classe.

Plus largement, les progressistes antiracistes qui défendent ce point de vue parlent d'enseignement « occidentalocentré » ou « eurocentré » en Amérique du Nord ou en Europe. Mais, se demande cette étude québécoise[2], « où cette culture peut-elle bien s'incarner comme référence mis à part en Occident ? Les auteurs [antiracistes] souscrivent donc à une drôle de forme de relativisme où toutes les cultures se valent en elles-mêmes sauf celle qui a pris racine en Occident, car elle serait intrinsèquement marquée par la suprématie blanche. » Utiliser un terme comme « suprématie blanche » dans l'enseignement des mathématiques paraît en outre être un débordement sémantique : « Nous tenons à dire clairement que l'utilisation d'un vocabulaire aussi chargé que celui de "suprématisme blanc" doit être réservée à des cas extrêmes et consensuels, car il empêche la libre analyse

---

1. Frédéric Morneau-Guérin, David Santarossa, Christian Boyer, *op. cit.*
2. *Ibid.*

et permet à des auteurs de mettre dans une même catégorie conceptuelle les actes criminels d'un néonazi et un règlement d'école qui favorise le silence en classe. Les critères rationnels et la méthode scientifique doivent primer et ils n'empêchent pas le combat contre le racisme et l'empathie pour ceux qui le vivent. »

Le pire, c'est que les effets produits par ce genre de théories déconnectées du réel pourraient être totalement contreproductifs : c'est ce qu'on appelle l'« effet cobra », la résolution d'un problème qui a pour effet pervers une aggravation du problème original. Ce terme trouve son origine dans une légende urbaine en Inde se situant à l'époque coloniale britannique. Les autorités étaient préoccupées par le nombre de cobras, très venimeux, qui circulaient à Delhi. Le gouvernement offrit donc une prime à quiconque ramènerait des cobras morts. Au début, cette stratégie fonctionna, mais bientôt des petits malins se mirent à élever des cobras pour les revendre. Lorsque le gouvernement s'en aperçut, les récompenses furent supprimées, et les cobras furent juste relâchés dans la nature. Le résultat final, c'est qu'un nombre encore plus grand de cobras sauvages se retrouvèrent dans les rues de Delhi. La prétendue « solution » avait aggravé le problème. Cet effet, un économiste allemand, Horst Siebert, le vérifia ensuite dans des études scientifiques[1]. Dans le cadre de l'enseignement des mathématiques, il est trop tôt pour connaître le résultat de cette nouvelle pédagogie sur les classes concernées, mais il y

---

1. Horst Siebert, *Der Kobra-Effekt: Wie man Irrwege der Wirtschaftspolitik vermeidet*, Munich, Deutsche Verlags-Anstalt, 2001.

La liquidation des Lumières

a fort à parier que l'effet sur le niveau des élèves sera pire que le mal de départ. Les vrais racistes, ici, ne sont-ils pas ceux qui pensent que les enfants des minorités ne sont pas capables de faire des mathématiques ni de trouver les bonnes réponses ?

La rationalité est donc désormais une notion dépassée. Comme le disait l'enseignant Laurent Valogne dans son témoignage[1], « il est certain que le triomphe de la raison n'est pas incompatible avec la barbarie. Exterminer techniquement et scientifiquement six millions de juifs, et pour cela mobiliser toute la raison – celle des médecins, de l'administration, de l'organisation de la bureaucratie, d'un appareil d'État –, construire une bombe à hydrogène et la larguer sur Hiroshima et Nagasaki : tout cela est lié au triomphe de la raison. Les Lumières et l'universalisme ont failli. Mais, disait-il, ce n'est pas une raison pour liquider la raison elle-même. » Or, certains militants décoloniaux parlent aujourd'hui de « rationalité blanche » pour disqualifier Descartes : « Notre époque a du mal avec Descartes », explique Géraldine Muhlmann, qui lui a consacré plusieurs heures d'émission sur la radio France Culture[2], « le *cogito* cartésien ou encore l'invitation à rendre l'homme "comme maître et possesseur de la nature" paraissent frappés d'obsolescence. » Descartes, au début du XVIIe siècle, n'était rien de moins que le fondateur de la science moderne. S'il nous a légué quelque chose d'essentiel, c'est bien sa quête de la

---

1. Carine Azzopardi et le témoin, *Ces petits renoncements qui tuent*, Paris, Plon, 2022.
2. https://www.radiofrance.fr/franceculture/podcasts/serie-rene-descartes-philosophe-deteste-de-notre-epoque

vérité, le principe de la certitude scientifique, qui intervient après une préparation extrêmement longue où le doute préside à toute pensée, comme une humilité suprême. C'est tout sauf de l'arrogance, encore moins de l'arrogance déconstruite quatre siècles plus tard « parce que blanche ». C'est la rationalité fondée sur une extrême précaution.

Comme Descartes, Kant n'échappe pas à la vindicte populaire : à Coventry, en Angleterre, les étudiants de l'université de Warwick ont demandé que le « racisme de Kant soit enseigné en même temps que sa philosophie[1] ». Aristote est décrit comme le « père du racisme scientifique » dans une tribune du *Washington Post*[2]. En 2020, la statue de Voltaire fut retirée de la place devant l'Académie française parce qu'elle avait fait l'objet d'actes de vandalisme répétés. Selon la mairie de Paris, rien à voir avec le mouvement woke de déboulonnage des statues : « Si la statue du philosophe des Lumières a été enlevée, précise Karen Taïeb, adjointe au patrimoine, c'est pour la nettoyer parce qu'elle avait été taguée[3]. » Toujours est-il que, trois ans plus tard, la statue n'est toujours pas réapparue. Les militants wokes reprochent à Voltaire d'avoir été raciste en 1756… et invalident ainsi l'ensemble de sa pensée. Si l'on voulait s'y risquer, on pourrait dire que combattre et déconsidérer les

---

1. Craig Simpson, « Immanuel Kant's "racism" will be taught alongside his philosophy after demanded from students », *The Telegraph*, 19 décembre 2020.
2. Matthew A. Sears, « Aristotle, father of scientific racism », *The Washington Post*, 6 avril 2018.
3. Philippe Baverel, « Paris : non, cette statue n'a pas été déboulonnée », *Le Parisien*, 17 août 2020.

La liquidation des Lumières

philosophes et les Lumières est devenu un nouvel axe de militantisme qui fonctionne bien.

Et ce n'est pas tout. En matière de médecine, aussi, la « suprématie blanche » est également montrée du doigt. En octobre 2022, des étudiants admis à la faculté de médecine de l'université du Minnesota prêtent serment. Dans une étonnante vidéo qui circule sur les réseaux sociaux, on les voit, dans un quasi-état de transe qui rappelle celui des membres d'une secte, promettre de combattre le suprématisme blanc, le colonialisme et le genre binaire… L'inverse du serment d'Hippocrate, que défend l'Association médicale mondiale en ces termes depuis 1964 : « Je ne permettrai pas que des considérations d'âge, de maladie ou d'infirmité, de croyance, d'origine ethnique, de genre, de nationalité, d'affiliation politique, de race, d'orientation sexuelle ou tout autre facteur s'interposent entre mon devoir et mon patient. »

En conséquence, certaines études nord-américaines émettent l'idée selon laquelle l'obésité n'est un problème de santé que dans l'imaginaire patriarcal des médecins occidentaux. Elles contestent la véracité de l'épidémie d'obésité aux États-Unis et la qualifient de « panique morale[1] ». Il existerait donc une « bonne » et une « mauvaise » science. La mauvaise : celle que dominent les Lumières, c'est-à-dire la recherche de l'objectivité et de la vérité. Venant de scientifiques et de chercheurs, c'est assez inattendu. La biologie, de même que les mathématiques, est qualifiée de fausse science patriarcale, viriliste

---

[1]. Audrey Rousseau, « L'institutionnalisation des *fat studies* : l'impensé des "corps gros" comme modes de subjectivation politique et scientifique », *Recherches féministes*, vol. 29, n° 1, 2016.

et colonialiste. Un délire collectif qui fait penser à Lyssenko[1], et au projet stalinien de construction d'un «homme nouveau». Si, par exemple, un scientifique dit aujourd'hui dans certaines facultés qu'il existe des différences biologiques entre hommes et femmes, il ne sera tout simplement pas sûr de trouver un poste universitaire.

Michael Vanyukov est arrivé en 1990 aux États-Unis, où il a immigré depuis la Russie. Il enseigne à l'université de Pittsburgh les sciences pharmaceutiques, la génétique humaine et la psychiatrie. En 2021, il répondait dans une lettre[2] à une communication du Bureau pour l'équité, la diversité et l'inclusion. L'université de Pittsburgh avait lancé un large appel visant à promouvoir des sessions de formation intitulées : «Conscience de l'équité raciale : un cadre pour favoriser les pratiques et les cultures antiracistes dans toutes les communautés.» Voici la réponse de Michael Vanyukov : «L'université, une institution de la science et de la raison, est censée éviter les déclarations sans fondement même si elles prennent le dessus sur le discours public. L'appel ne fournit aucune preuve que le racisme "spécialement anti-Noirs" est "systémique" dans ce pays ou à Pittsburgh. En plus de découler d'une prémisse discutable, les définitions de l'auteur que vous citez, Ibram X. Kendi, sont tautologiques.» Et il enfonce le clou : «Cette démagogie n'est pas différente de ce que la propagande soviétique a

---

1. Lyssenko est un technicien agricole soviétique à l'origine d'une génétique pseudoscientifique qui, bien que fausse, va accéder en 1948 au rang de théorie officielle exclusive dans l'Union soviétique.
2. Michael Vanyukov, «Letter to the editor : racial equity consciousness institute criticized», Pittsburgh, *University Times*, vol. 54, n° 3, 23 septembre 2021.

La liquidation des Lumières

enseigné sur l'Occident et le capitalisme. L'appel de l'annonce à une "action corrective continue et à durée indéterminée […] pour favoriser des résultats sociétaux justes et souhaitables", plutôt que pour favoriser l'égalité des chances et la méritocratie, est un ressassement du marxisme et du socialisme. Historiquement, des idées similaires ont conduit à la souffrance, d'abord et avant tout de ceux qui étaient censés en bénéficier. Les seuls véritables bénéficiaires en ont été les idéologues. Je doute que l'ingénierie sociale basée sur la race soit meilleure que la classe ou tout autre groupe, théories dont je suis bien familier grâce à mon passé soviétique. Il est regrettable que cet "agitprop" me le rappelle de plus en plus.»

Une autre scientifique venant de l'ex-Union soviétique alerte également ses compatriotes américains. Anna Krylov a publié un article très étayé dans *Le Journal de la société américaine de physique et chimie*[1] en juin 2021. Elle y fait part de sa très grande inquiétude : «Dans certaines écoles, écrit-elle, les cours de physique n'enseignent plus les "lois de Newton", mais "les trois lois fondamentales de la physique". Pourquoi Newton a-t-il été censuré? Parce qu'il était blanc et que la nouvelle idéologie appelle à "décentrer la blancheur" et à "décoloniser" le programme scolaire. Le journal *Nature* appelle à remplacer le terme "suprématie quantique" par "avantage quantique". Les auteurs considèrent le mot "suprématie" comme un mot "violent" et assimilent son

---

1. Anna I. Krylov, «The peril of politicizing science», *The Journal of Physical Chemistry Letters*, 2021.

utilisation à la promotion du racisme et du colonialisme. […] Cette chasse aux fantômes de style soviétique gagne du terrain. En partenariat avec son groupe de travail sur la diversité, l'équité et l'inclusion, le département des services d'information et de technologie de l'université du Michigan a entrepris de purger le langage au sein de l'université en supprimant des termes aussi blessants et racistes que "pique-nique", "sac à lunch brun", "pensée en noir et blanc", "mot de passe principal", "variable factice", "système désactivé", "compte acquis"… La liste n'est pas exhaustive et va continuer à s'allonger, prévient la note. En effet, de nouveaux mots sont supprimés tous les jours. Je viens d'apprendre que le mot "normal" ne sera plus utilisé sur les emballages des savons Dove car "cela fait que la plupart des gens se sentent exclus." […] Pourquoi est-ce que je passe un temps considérable à écrire cet article ? La réponse est simple : notre futur est en jeu. Nous devons faire face à un choix crucial. Nous pouvons succomber à cette idéologie d'extrême gauche et passer le reste de notre vie à chasser les fantômes et les sorcières, à réécrire l'histoire, à politiser la science et à transformer l'éducation en farce. Ou nous pouvons défendre un principe clé de la société démocratique – l'échange libre et non censuré d'idées – et poursuivre notre mission principale : la recherche de la vérité, en concentrant notre attention sur la résolution de problèmes réels et importants de l'humanité. »

Les exemples de dévoiement de la science sont innombrables outre-Atlantique… Liquider l'universalisme est une chose. Liquider la raison en est une autre. Sous couvert de ringardiser l'universalisme, qui cache-

La liquidation des Lumières

rait les discriminations, le wokisme en arrive à liquider toutes les bases d'une argumentation qui s'appuie sur la logique. Avec ces nouvelles théories wokes, qui s'apparentent plus à des croyances qu'à de la science[1], on en arrive à poser une grille de lecture erronée sur les phénomènes contemporains, qu'on analysera sous le prisme binaire et simpliste de la domination forcément blanche, hétérosexuelle et patriarcale. Une démonstration dont les prémisses sont fausses et qui est circulaire n'arrivera concrètement qu'à une fausse conclusion. Dans ce cadre, la lutte contre les violences policières est l'un des axes de ce militantisme identitaire. Même la lutte antiterroriste est parfois dans le viseur de ces nouveaux progressistes[2]. Ce qui arrange bien sûr les ennemis de la démocratie, dont font partie les promoteurs de l'islam politique.

« *L'universalisme* » *islamiste*

L'universalisme et l'héritage des Lumières ne sont pas les fondements d'un «ordre oppressif», comme le disent sans nuance un grand nombre de militants progressistes. Ils sont au contraire les soubassements de nos systèmes démocratiques, et ils sont donc en tant que tels combattus par les partisans de l'islam politique. Les fragiliser

---

[1]. Jean-François Braunstein, *La Religion woke*, Paris, Grasset, 2022.
[2]. Par exemple le texte écrit par Judith Butler le 14 novembre 2015 : «Une liberté attaquée par l'ennemi et restreinte par l'État», *Libération*, 19 novembre 2015.

revient à saper les bases de nos démocraties, et à favoriser un autre « universalisme » qui ne cherche que l'affaiblissement de son adversaire démocratique : celui de l'*oumma*, la communauté mondiale des croyants, que les mouvements intégristes considèrent devoir étendre.

Les mouvements islamistes, dont celui des Frères musulmans, mais également les fondamentalismes wahhabites issus du Golfe et du Moyen-Orient, utilisent ainsi les armes rhétoriques des antiracistes modernes pour relativiser également les principes universalistes. L'OCI, Organisation de la coopération islamique, est une organisation mondiale dont le but est d'utiliser les armes du droit et les institutions internationales pour faire avancer un agenda qui n'a rien de démocratique. L'organisation est soutenue par le Qatar, la Turquie, l'Iran et le Pakistan, et réunit cinquante-sept pays ayant l'islam comme religion officielle et majoritaire. Les valeurs mises en avant ont toutes les caractéristiques de l'islam politique et se placent très distinctement en opposition avec l'universalisme, les Lumières, et les valeurs d'humanisme sur lesquelles les démocraties modernes sont fondées.

La communication et les actions de l'Organisation de la coopération islamique sont calquées sur celles de l'Organisation des Nations unies, qui a pour but de préserver les équilibres mondiaux et la paix. La charte de l'ONU, fondée sur le droit international, est claire : elle doit favoriser la paix, et rien d'autre. L'objectif affiché par l'OCI, qui s'inspire de l'organisation onusienne, n'est pas exactement le même. Selon sa charte, « l'Organisation a l'insigne honneur de galvaniser l'*oumma* dans

La liquidation des Lumières

une parfaite unité et de représenter dignement le monde musulman en épousant les causes qui tiennent à cœur à plus de 1,5 milliard de musulmans à travers le monde. L'Organisation entretient des relations de concertation et de coopération avec l'ONU et d'autres organisations intergouvernementales, pour protéger les intérêts vitaux des musulmans et œuvrer pour le règlement des conflits dans lesquels des États membres se trouvent impliqués. En sauvegardant les valeurs cardinales de l'islam et des musulmans, l'Organisation a beaucoup fait pour dissiper les préjugés et a fortement prôné l'élimination de la discrimination à l'encontre des musulmans, dans toutes ses formes et manifestations», affirme encore la charte.

L'OCI déploie des «stratégies» pour «les personnes âgées», «la jeunesse», pour la «promotion de la femme», évidemment représentée sous une *burqa* noire sur son site. Rien de plus normal pour une organisation basée à Djeddah, en Arabie saoudite. L'organisation a aussi une «stratégie» pour les «communautés dans les États non-membres de l'OCI».

Ainsi, l'Organisation de la coopération islamique dit «accorder le plus grand intérêt aux questions qui préoccupent les plus d'un demi-milliard de musulmans vivant dans des États non-membres, car elle les considère comme des dossiers prioritaires méritant de figurer en tête de son agenda». Lisons plus précisément le document qui concerne les minorités musulmanes dans les «pays non-membres[1]». Il est intitulé «unis pour la paix

---

1. «Les communautés musulmanes dans les pays non-membres de l'Organisation de la coopération islamique», rapport 2020. https://www.oic-oci.org/upload/media/books/minority_book_fr.pdf

et le développement» et établit une stratégie : «Sur la base de sa charte, qui met l'accent sur la protection des droits des communautés musulmanes dans les États non-membres et la préservation de leur dignité religieuse et culturelle, l'Organisation a adopté de nombreuses résolutions et décisions pour fournir une assistance appropriée aux communautés musulmanes, à chaque fois que de besoin, sachant que ces communautés font partie intégrante de l'*oumma* islamique. Elle a même mis en place un cadre institutionnel dédié à la défense des causes des communautés et minorités musulmanes pour leur permettre d'exercer pleinement leurs droits.»

Mais de quels droits s'agit-il exactement? Pour le savoir, nous avons lu la brochure en détail et relevé, pays par pays, les bons et les mauvais points distribués aux États qui comptent en leur sein des minorités musulmanes. En ce qui concerne l'Europe, il est noté : «Au cours de ces deux dernières décennies, les musulmans d'Europe ont été victimes d'un stéréotypage négatif et exposés à diverses formes de haine, d'islamophobie et de discrimination raciale, alimentées dans de nombreux cas par des campagnes médiatiques biaisées, des agendas politiques et des calculs étriqués d'organismes et de partis xénophobes.» Suivent, par ordre alphabétique, les différents satisfecit et les critiques formulées à l'encontre des gouvernements :

«Autriche : La coalition au pouvoir a […] continué à défendre bec et ongles l'interdiction du foulard dans les écoles primaires pour les musulmans, à l'exclusion des autres minorités religieuses. Depuis janvier 2020, le nouveau gouvernement, dirigé par le Parti populaire aux côtés du parti des Verts, poursuit la même politique, les deux

La liquidation des Lumières

partis s'engageant à interdire le foulard dans les écoles jusqu'à l'âge de quatorze ans. Ces actions font partie de ce que le leader conservateur, le chancelier Sebastian Kurtz, décrit comme sa prise de position de dureté contre "l'islam politique", qui vise à satisfaire sa base électorale mais aussi les partisans de l'extrême droite déçus de son alliance avec le Parti de la liberté en mai 2019.

Belgique : Il y a des signes d'escalade de la souffrance des musulmans au sein de la société belge en raison du racisme et de la discrimination fondée sur la religion et la race, ce qui a été mis en évidence, en particulier, à la suite des attentats de Bruxelles de 2016.

Danemark : En mars 2019, le Parlement a rejeté un projet de loi visant à interdire aux employés du secteur public de porter des symboles religieux. En outre, le Parlement danois avait précédemment rejeté en 2018 une proposition de loi interdisant les salles de prière dans les établissements d'enseignement public.

Finlande : Des partis d'extrême droite comme Vince (PS) et Finnish People First ont tenté de faire interdire la *burqa* et le *niqab*.

France : Rachida Dati a été la première femme musulmane à atteindre les plus hauts rangs du pouvoir et a été ministre de la Justice de 2007 à 2009, aux côtés de Najat Falou Belkacem [*sic*], ministre des Droits de la femme et porte-parole officielle du gouvernement pendant la période de mai 2012 à avril 2014, date à laquelle elle a été nommée ministre des Droits de la femme, de la Ville, de la Jeunesse et des Sports. Le 26 août 2014, elle est nommée ministre de l'Éducation nationale, de l'Enseignement supérieur et de la Recherche scientifique, devenant ainsi la première femme à occuper ce poste dans l'histoire de la République française.

Malte : Le gouvernement n'a pas encore inclus l'éducation religieuse islamique volontaire comme programme parascolaire dans les écoles primaires et secondaires du gouvernement, malgré les déclarations faites ces deux dernières années selon lesquelles il envisagerait de le faire.

Pays-Bas : Pendant de nombreuses années, les Pays-Bas ont promu la diversité culturelle, en particulier en accueillant différents groupes de population sur un pied d'égalité. L'intégration des musulmans dans la société reste néanmoins une source de préoccupation pour les autorités néerlandaises, en particulier après le meurtre en 2004 d'un cinéaste critique de l'islam. Le 1er août 2019, l'interdiction du voile intégral – y compris les cagoules de ski, les casques, les voiles et les *burqas* – est entrée en vigueur dans les écoles, les hôpitaux, les transports en commun et les bâtiments gouvernementaux. Selon la loi, les autorités sont tenues d'exiger des personnes qui enfreignent l'interdiction de retirer le masque facial ou de quitter le bâtiment, et celles qui refusent de se conformer à la loi peuvent être astreintes à payer une amende équivalente à cent cinquante euros (cent soixante-dix dollars).

Suisse : Selon une étude préparée par l'université de Fribourg, l'hostilité envers les musulmans en Suisse est le résultat direct du discours politique et des médias qui exagèrent certains aspects de l'islam. Un référendum controversé en novembre 2009 a abouti à l'adoption d'un amendement constitutionnel interdisant la construction de minarets, qui a été soutenu par 57,5 % des

La liquidation des Lumières

votants. Cette hostilité est souvent alimentée par la recrudescence de l'islamophobie et des stéréotypes négatifs sur les musulmans comme contrecoup à certains événements mondiaux.»

Les États européens ne sont pas seuls concernés, évidemment. La Birmanie et la Chine comptent deux minorités musulmanes très importantes, et persécutées depuis de nombreuses années. Mais le document n'évoquera là jamais «l'islamophobie» dont ces minorités seraient victimes. Pour la Birmanie, l'OCI décrit la situation des Rohingyas, ces minorités martyres dans le pays, en ces termes : «La détérioration de la situation des musulmans rohingyas dans l'État de Rakhine au Myanmar a conduit plus de 1,1 million de personnes à être déplacées de force vers le Bangladesh et les pays voisins en raison de la persécution et de la crainte de nouvelles attaques et assassinats par l'armée et les forces de sécurité du Myanmar.» S'il est bien précisé dans le rapport que «l'Organisation de la coopération islamique travaille sans relâche pour lutter contre le phénomène de l'islamophobie et protéger les droits de la communauté musulmane dans toutes les parties de l'Europe», il n'est mentionné nulle part «d'assistance appropriée» aux populations musulmanes de Birmanie, malgré ce constat effroyable.

Autre minorité pourchassée : celle des Ouïghours en Chine. Mais la brochure de l'OCI fait encore mieux... Rien n'est dit dans le rapport sur les persécutions dont ces populations sont la cible depuis plus de vingt ans. Il faut croire que «l'islamophobie» des pays démocratiques occidentaux est beaucoup plus grave. En tout état de cause, elle est plus intéressante à mentionner... Le paragraphe sur la Chine est particulièrement neutre : « La région ouïghoure du Xinjiang est l'une des cinq régions autonomes des groupes nationaux en Chine, où vivent vingt-trois millions de personnes de différentes ethnies et le nombre de musulmans y constitue 60 % de la population totale, soit plus de treize millions d'Ouïghours. Selon les autorités chinoises officielles, il y aurait vingt-quatre mille mosquées au Xinjiang, soit une mosquée pour cinq cent trente musulmans, dix écoles de sciences islamiques et plus d'une centaine de sociétés religieuses. »

Les rédacteurs du rapport auraient pu lire quelques informations facilement accessibles sur Internet concernant les Ouïghours, en français ou en anglais. Ils y auraient appris, entre autres, que, dans les années 2010, des centaines de milliers de musulmans pratiquants ouïghours et kazakhs sont passés par des camps de rééducation chinois[1]. En août 2018, un comité d'experts des Nations unies estimait qu'un million d'Ouïghours étaient détenus dans des camps d'internement[2] et que deux millions d'entre eux l'étaient dans des « camps politiques d'endoctrinement ». La Chine serait-elle plus difficilement critiquable que les démocraties européennes ?

Ce faux universalisme est une vraie volonté d'englober tous les aspects de la vie des croyants et de s'étendre. Cette prétention des mouvements promouvant l'islam politique est concrète et se manifeste, outre la très visible

---

1. Dorian Malovic, « Minorités en danger, les Ouïghours, sous la répression culturelle et religieuse », *La Croix*, 15 décembre 2017.
2. « La Chine détiendrait un million de Ouïghours dans "des camps d'internement" », *Le Monde*, 31 août 2018.

La liquidation des Lumières

OCI, par d'autres organismes qui singent eux aussi les organisations occidentales, comme l'ISESCO (l'Organisation islamique pour l'éducation, la science et la culture), calquée sur l'UNESCO, dont le siège est à Paris. La Banque islamique de développement, sise également à Djeddah, est le pendant de la Banque mondiale. Enfin, cet universalisme version wahhabite se manifeste aussi par une déclaration des droits de l'homme, mais dans un cadre compatible avec la charia. La Déclaration des droits de l'homme en islam a été adoptée au Caire le 5 août 1990[1]. Son article 1 stipule dans son premier alinéa : « Art. 1 – a) Tous les êtres humains forment une famille dont les membres sont unis par leur soumission à Dieu, et par le fait qu'ils descendent d'Adam. » Son deuxième alinéa est le suivant : « Art. 1 – b) Tous les êtres humains sont les sujets de Dieu, et ceux qu'Il aime le plus sont ceux qui sont les plus utiles à Ses sujets. » L'article 6 concerne tout particulièrement les rôles dévolus aux hommes et aux femmes : « Art. 6 – a) La femme est l'égale de l'homme dans la dignité humaine ; ses droits sont équivalents à ses devoirs. Elle a une personnalité civile, une responsabilité financière indépendante, et le droit de conserver son nom patronyme et ses liens de famille. Art. 6 – b) Le mari a la charge de l'entretien de la famille et la responsabilité de sa protection. » L'article 22 circonscrit la liberté d'expression : « Art. 22 – a) Tout individu a le droit d'exprimer librement son opinion d'une manière non contraire aux principes de la Loi islamique. Art. 22 – b) Tout

---

1. « La Déclaration islamique des droits de l'homme », Le Caire, 5 août 1990.

individu a le droit d'appeler au bien, d'ordonner le juste et d'interdire le mal conformément aux normes de la Loi islamique. Art. 22 – c) L'information est une nécessité vitale pour la société. Il est interdit de l'exploiter, d'en abuser ou de s'attaquer aux choses sacrées et à la dignité des Prophètes. »

On est bien loin en effet de la «suprématie blanche» de la Déclaration universelle des droits de l'homme de 1948 qui stipule dans son article premier : «Tous les êtres humains naissent libres et égaux en dignité et en droits. Ils sont doués de raison et de conscience et doivent agir les uns envers les autres dans un esprit de fraternité. »

L'ethnologue Claude Lévi-Strauss, dans sa conclusion de *Tristes tropiques*, racontait le malaise qu'il avait éprouvé dans les pays régis par la charia qu'il avait traversés[1]. En 2002, il ne retirait pas une ligne de cette critique de l'islam politique dans une interview, comme le rapporte Didier Eribon[2] : «Quand nous évoquons la montée des intégrismes religieux, le propos de Lévi-Strauss se fait plus ferme : "J'ai dit dans *Tristes tropiques* ce que je pensais de l'islam. Bien que, dans une langue plus châtiée, ce n'était pas tellement éloigné de ce pour quoi on fait aujourd'hui un procès à Houellebecq. Un tel procès aurait été inconcevable il y a un demi-siècle ; ça ne serait venu à l'esprit de personne. On a le droit de critiquer la religion. On a le droit de dire ce qu'on pense."» «Mais alors, qu'est-ce qui a changé?» demande Didier Eribon. Réponse de Lévi-Strauss : «Nous sommes contaminés

---

1. Claude Lévi-Strauss, *Tristes tropiques*, Paris, Plon, 1955.
2. Didier Eribon, «Visite à Lévi-Strauss», *L'Obs*, 3 octobre 2002.

La liquidation des Lumières

par l'intolérance islamique.» Le journaliste Pierre Assouline, sur son blog[1], explique que le philosophe Abdelwahab Meddeb jugeait ces propos trop sévères : « À ses yeux, le grand ethnologue y faisait preuve d'autant de méconnaissance que d'aveuglement ; néanmoins, Meddeb reconnaissait que son analyse du blocage de l'islam et de l'inertie historique qui s'en est suivie [*sic*], pour être sans concessions, n'en était pas moins pertinente.»

En France, les Lumières ont été un combat contre l'arbitraire de l'absolutisme de l'Ancien Régime. C'est à cette période que les distensions religieuses et politiques entre le citoyen et l'État ont commencé. Comme l'explique l'historien Daniel Roche, c'était «le monde enfin éclairé par la raison ! Telle est l'aventure d'un siècle, le XVIIIe, celui des Lumières, quand le pouvoir, les croyances et les mœurs sont soumis à la réflexion critique. Ce fut révolutionnaire. La monarchie absolue, ce roi, élu de Dieu, ce pape, à Rome, comment les concilier avec les "droits naturels" de l'homme ? […] Tandis que se multipliaient les échanges et les gazettes, les routes et les écoles, les philosophes démontraient la relativité des valeurs, prônaient la tolérance, le parlementarisme et le libre commerce. Après les grandes découvertes était venu le temps des explorateurs de la raison. […] Appliquer la raison à la religion, l'appliquer au pouvoir, tel est le problème de l'esprit critique, par lequel se définissent les Lumières[2].»

---

[1]. Pierre Assouline, «L'islam selon Claude Lévi-Strauss», *La République des livres*, 2 juillet 2017.
[2]. Daniel Roche : «Les Lumières d'hier font les débats d'aujourd'hui», propos recueillis par Michel Faure, *L'Express*, 2 août 2001.

Quand la peur gouverne tout

Mais pour Kehinde Andrews, professeur à l'université de Birmingham, en Angleterre, «ce sont les Lumières qui perpétuent le racisme à l'université[1]». Il est vrai que Voltaire n'a pas combattu le clergé de son temps, Hume n'était pas un pourfendeur des superstitions, et Kant n'a absolument pas élaboré une éthique universelle. Tout cela est à jeter aux orties, par les mêmes qui traiteront d'«islamophobe» toute critique de la Déclaration des droits humains version wahhabite.

L'affaiblissement de l'universalisme et de la raison dans les démocraties, ainsi que le passage par pertes et profits de l'héritage des Lumières par les mouvements wokes, pourrait très bien laisser la place à un grand bond en arrière vers l'obscurantisme...

---

1. Kehinde Andrews : «Enlightenment ideals perpetuate racism in academy», propos recueillis par Matthew Reisz, *The Times Higher Education*, 5 février 2021.

7

Islamisme : la connaissance menacée ?

L'on peut dire que le destin malheureux de l'islam commence avec la défaite du philosophe face au clerc[1].

Un lanceur d'alerte ridiculisé

Il est l'un des journalistes de référence sur le djihadisme en France. Ce 25 avril 2014 sur le plateau de France 2, David Thomson participe à une émission sur les djihadistes français partis en Syrie. Grand reporter pour la radio publique RFI, il a interrogé plusieurs dizaines de jeunes en zone irako-syrienne et en a tiré un ouvrage qui fera date[2]. Sa méthodologie est claire : il travaille à partir d'échanges directs avec des individus présents sur le terrain, sans passer par le filtre des services de renseignements. C'est l'un des seuls journalistes à fonctionner ainsi sur cette thématique, avec ce

---
1. Abdelwahab Meddeb, *Sortir de la malédiction*, Paris, Seuil, 2008.
2. David Thomson, *Les Français jihadistes*, Paris, Les Arènes, 2014.

qu'on appelle des «sources primaires». Selon lui, «la meilleure façon de comprendre comment on devient djihadiste, c'est de leur poser la question».

Mais ce n'est pas l'avis des intervenants avec qui il partage le plateau[1]. Raphaël Liogier, sociologue et philosophe, professeur des universités, préside alors l'Observatoire des religions. Selon lui, «cette idéologie n'est pas liée à l'islam fondamental ni même à l'islam radical, à ses racines. Le risque, explique-t-il lors de l'émission, c'est de les faire glisser [les djihadistes] de ce qu'ils se représentent eux comme étant une guerre juste au sens profond du terme vers des actions qu'on peut qualifier objectivement comme étant des actions terroristes. Mais si on commence à employer d'emblée l'expression de terroristes, ça ne va pas marcher! Parce qu'il faut leur expliquer : "Ben oui, vous pensez que c'est une guerre juste, bon, eh bien… si c'est une guerre juste, là vous la faites, mais ce n'est pas la manière de la faire, vous risquez de glisser vers un certain nombre de pratiques qui ne sont pas des pratiques justes…"» David Thomson se veut plus factuel : «Moi, je fais la distinction entre les deux groupes djihadistes qui sont actuellement au combat en Syrie. La méthode de chaque groupe est différente. Au sein de Jabhat Al-Nosra, une filiale d'Al-Qaïda, l'inventeur du djihad global dirigé contre l'Occident, tous n'ont qu'un seul but : c'est faire tomber Bachar al-Assad. […] En face, vous avez les gens de l'État islamique en Irak et au Levant, et eux sont dans une logique différente, ils ne

---

[1]. «Djihadistes français en Syrie : que faire?», émission «Ce soir ou jamais», France 2, 25 avril 2014.

Islamisme : la connaissance menacée ?

combattent pas vraiment Bachar al-Assad, ils se battent contre les autres brigades, ce qui reste de l'Armée libre, et ils appliquent la charia telle qu'ils la conçoivent immédiatement sur les zones conquises. Lorsque vous posez la question des actes terroristes sur le sol français, tous vont vous dire que c'est quelque chose de légitime, qu'il faut faire ça... Tous n'ont pas l'intention de revenir en France pour réaliser des opérations terroristes, leur objectif aujourd'hui, il est régional. Ce que je veux dire, c'est que, dans leur état d'esprit, frapper la France serait légitime parce que... »

David Thomson est interrompu par une bronca sur le plateau. Raphaël Liogier ne le laisse pas finir. Interloqué, le journaliste demande : « Vous avez déjà parlé à un djihadiste ? » Réponse du sociologue : « Ça veut dire quoi, "parler à un djihadiste" ? Nous, on recueille aussi leur parole... — Ah non, je ne crois pas... Je ne pense pas. » Et David Thomson termine : « Pour eux, par nature, la France est l'ennemie d'Allah. Tous ces gens qui partent là-bas défendent l'idéologie d'Al-Qaïda. » Raphaël Liogier le coupe alors ironiquement : « Pour quelles raisons partiraient-ils si loin alors si l'ennemi est ici ? J'aimerais bien savoir pourquoi... Ils économiseraient de l'énergie, ce serait beaucoup plus facile. » Hanane Karimi, sociologue, enchaîne : « C'est là qu'on est dans un glissement dangereux. Ça va permettre à des politiques d'encore cibler des populations musulmanes parce qu'elles sont potentiellement dangereuses. On va stigmatiser encore la population musulmane qui serait potentiellement dangereuse pour l'État. » L'avocat William Bourdon, qui a défendu des djihadistes de retour de Syrie, porte le coup de grâce : « C'est pas parce qu'on a fait un reportage et qu'on a rencontré quelques dizaines de djihadistes qu'on est devenu un expert souverain sur la question. Il faut faire preuve de plus d'humilité. » Humilié, David Thomson encaisse les coups. Nous sommes un an avant les attentats de 2015 qui vont ensanglanter le sol français comme jamais auparavant, mais il est inaudible.

Dans une interview au journal *Les Inrocks*[1], il revient sur ce moment qui l'a personnellement marqué : « J'étais choqué. J'ai été humilié sur ce plateau pour avoir simplement dit que les djihadistes avaient des intentions terroristes contre la France. C'est l'évidence aujourd'hui mais c'était indicible à l'époque. Quel aveuglement, quand j'y pense ! C'est ce que j'avais d'ailleurs écrit dans mon premier livre après un an d'entretiens. Et le plus surréaliste, c'est que ces djihadistes qui m'avaient parlé de leurs projets terroristes dès 2013 étaient des membres de la cellule souche, la fameuse "brigade des étrangers" qui allait ensuite constituer le commando du 13 novembre. »

En 2016, le journaliste reçoit le prix Albert Londres pour son ouvrage, *Les Revenants*[2]. Après les attentats de Bruxelles, il dénonce une « circulation circulaire de la non-expertise » dans les médias et son influence dans le débat public. En février 2017, il reçoit des menaces de mort. Il part exercer comme correspondant aux États-Unis : « Tous les gens qui travaillent sur ce sujet

---

[1]. David Thomson : « Le jihad répond au vide idéologique contemporain », propos recueillis par David Doucet, *Les Inrocks*, 5 décembre 2016.
[2]. David Thomson, *Les Revenants : ils étaient partis faire le jihad, ils sont de retour en France*, Paris, Seuil, 2016.

Islamisme : la connaissance menacée ?

sont en effet happés tant la matière est radioactive », explique-t-il. Dans le milieu du journalisme, comme dans le milieu académique, rares sont désormais les enquêtes de terrain sur cette problématique. Pour des raisons de sécurité évidentes, l'Afrique subsaharienne ou le Moyen-Orient ont été désertés. Mais la thématique de l'islamisme est aussi un sujet radioactif sur le terrain à l'intérieur même des pays d'Europe et aux États-Unis.

Quant au professeur Raphaël Liogier, qui estimait après les attentats du 13 novembre 2015 que l'intégrisme religieux était une « mode globale planétaire », « pas fondamentalement dangereuse pour la sécurité publique[1] », il continue d'apporter son expertise régulièrement dans les médias.

Étudier le monde islamique

Que ce soit en Amérique du Nord ou en Europe, le mouvement antiraciste a colonisé une frange non négligeable des savoirs et de nombreuses chaires universitaires. Le 7 octobre 2021, Houria Bouteldja, la fondatrice du Parti des indigènes de la République, auteure de *Les Blancs, les Juifs et nous*[2], dont le journal *Libération* dénonçait déjà la dérive identitaire en 2016[3], se félicite de la progression de ses thèses dans le monde académique

---

1. Raphaël Liogier, « Le risque est de provoquer ce que l'on veut éviter », *L'Humanité*, 18 novembre 2015.
2. Houria Bouteldja, *Les Blancs, les Juifs et nous : vers une politique de l'amour révolutionnaire*, Paris, La Fabrique, 2016.
3. Clément Ghys, « La dérive identitaire de Houria Bouteldja », *Libération*, 24 mai 2016.

en ces termes : « Aujourd'hui, le PIR rayonne dans toutes les universités et les milieux antiracistes occidentaux – notamment grâce au réseau décolonial international (DIN) –, où il est cité en exemple et où je suis considérée comme une véritable théoricienne décoloniale. [...] Je veux dire aussi – comme l'atmosphère est plus islamophobe que jamais – à quel point je suis attachée à l'islam et à notre Prophète (sws[1]), même si je ne suis pas la musulmane idéale dont rêve ma mère. C'est sûrement cette identité profonde qui m'interdira de capituler et me permettra de faire les choses autrement. Si Dieu veut, d'autres voies s'ouvriront[2]. » Ces paroles n'échappent sans doute pas à l'autosatisfaction, mais les études sur l'islam, sans même parler d'islamisme, sont en effet aujourd'hui un terrain miné, d'autant plus que le mouvement woke dans les universités favorise le déni par rapport à l'islam politique.

Il n'est pas jusqu'à l'étude de l'islam médiéval qui ne pose problème. C'est ce qu'explique très bien Abdelwahab Meddeb dans son ouvrage *La Maladie de l'islam*[3] : « Christian Jambet, l'un des rares penseurs qui maîtrisent la tradition philosophique occidentale et islamique, dans ses versions arabe et persane (il est spécialiste des néoplatoniciens de Perse), enseigne notamment à HEC. Beaucoup de ses étudiants viennent de pays francophones comme le Maroc ou le Liban. Lorsque Jambet présente à son public des pensées émanant du Moyen

---
1. « sws » : eulogie en islam venant de l'arabe *Subhanahu wa Taʿālā* et signifiant « Qu'il soit exalté et glorifié » (NdA).
2. Texte intégral reproduit par le site Mizane.info
3. Abdelwahab Meddeb, *La Maladie de l'islam*, Paris, Seuil, 2005.

Islamisme : la connaissance menacée ?

Âge islamique, et surtout lorsqu'il évoque la tradition herméneutique, très souvent ses étudiants musulmans, futurs gestionnaires du "grand capital", protestent et l'interrompent en affirmant que de telles doctrines ne peuvent appartenir à l'islam. En agissant ainsi, ils révèlent l'influence wahhabite : amnésiques de leur propre culture, ils se croient les dépositaires du vrai islam. Et la diffusion d'un tel islam provient de l'Arabie saoudite et de ses pétrodollars, et il prospère sur l'accumulation des échecs dont j'ai déjà dénoncé les méfaits.»

On se souvient également de cette professeure de l'université de Hamline, dans le Minnesota, accusée d'islamophobie et licenciée à la fin de l'année 2022 pour avoir projeté une gravure du XIVe siècle représentant le prophète Mahomet. Or, un débat multiséculaire a lieu dans l'islam sur la question de l'iconographie. Ce n'est qu'en 1973 que des *fatwas* des autorités religieuses officielles arabes ont interdit les images du Prophète[1]. La direction de l'université, de fait, a pris ce jour-là parti pour la frange la plus extrême et la plus intolérante de l'islam.

La crainte d'être accusé d'islamophobie est telle qu'organiser des manifestations culturelles autour de l'islam est devenu une gageure. «À la suite de l'assassinat de Samuel Paty, explique l'historien franco-américain John Tolan au journal *Le Monde*[2], il y a eu un mouvement paradoxal. D'un côté on proclamait que la liberté

---

1. Tribune : «Dès qu'il s'agit de parler de manière informée de l'islam, il y a peu de soutien institutionnel», *Le Monde*, 13 janvier 2023.
2. Virginie Larousse, «"Arts de l'islam", une exposition pour changer les regards», *Le Monde*, 19 novembre 2021.

d'expression était essentielle et qu'il fallait tout faire pour la protéger ; de l'autre, la peur et l'autocensure sont montées d'un cran.» Ainsi, le projet de ce professeur, *The European Qur'an*, adoubé par le Conseil européen de la recherche, a rencontré quelques difficultés pour pouvoir être exposé : à quatre reprises, des institutions se sont retirées, craignant qu'une exposition sur la place du Coran dans la vie intellectuelle, religieuse et culturelle de l'Europe ne suscite des controverses.

L'étude historique de l'islam est devenue hautement inflammable dans les universités. Et nous ne parlons même pas ici de l'islamisme, sa frange intégriste…

Dans ce processus d'autocensure des objets d'étude, un livre a joué un rôle considérable, selon le chercheur Bernard Rougier[1] : il s'agit du texte *L'Orientalisme*, d'Edward Saïd[2]. L'ouvrage est considéré dans le monde académique comme la première pierre des études postcoloniales. Son auteur, professeur de littérature à l'université Columbia de New York, est influencé par les penseurs français de la *French Theory* dans les années 1970. Il retient en particulier les notions de «savoir» et de «pouvoir» développées par Michel Foucault. Selon lui, le savoir sur l'Orient s'est construit dans un rapport de pouvoir de l'Occident colonisateur. Ce savoir était donc pollué par le dessein colonial de ceux qui l'exerçaient. Le problème, c'est que, comme beaucoup de

---

1. Bernard Rougier, «Débattre de l'orientalisme : critiques radicales et défenses de l'humanisme européen», *in* Pierre-Henri Tavoillot, Emmanuelle Hénin, Xavier-Laurent Salvador (dir.), *Après la déconstruction : l'université au défi de nouvelles idéologies*, Paris, Odile Jacob, 2023.

2. Edward W. Saïd, *L'Orientalisme : l'Orient créé par l'Occident*, traduit de l'anglais (États-Unis) par Catherine Malamoud, Paris, Seuil, 1980.

Islamisme : la connaissance menacée ?

récupérations de penseurs français de cette époque, les concepts sont détournés de leur signification initiale. Michel Foucault n'a jamais prétendu que le pouvoir invalidait le savoir. Au contraire, Edward Saïd déduit de son interprétation personnelle que tout le savoir sur l'Orient, depuis l'Antiquité jusqu'à nos jours, produit par les Européens et les Américains, est entaché du sceau colonial, voire néocolonial. «Même le savoir provenant de grandes figures de l'anticolonialisme est discrédité, car ceux qui le produisent sont disqualifiés par leur appartenance», explique Bernard Rougier. En conséquence, le savoir n'est valable que s'il est produit par quelqu'un qui appartient à la même aire culturelle que son objet d'étude. Jusque dans les années 1980, les recherches réalisées par les chercheurs américains sur le Proche et le Moyen-Orient étaient de grande qualité. Mais Edward Saïd va avoir une telle influence sur eux que ce savoir-là va se tarir. «L'idée, explique Bernard Rougier, c'était de ne pas "prendre l'Arabe comme un objet d'étude". Mais, déplore le chercheur, c'est le propre du travail scientifique que de prendre l'autre pour un objet. Si vous étudiez le Front national, vous allez prendre ses militants pour des "objets" de sciences sociales.»

Ainsi, après les attentats du 11 septembre 2001, aucun chercheur n'est capable d'analyser le phénomène djihadiste aux États-Unis. Ce sont les journalistes qui prennent le relais, comme Lawrence Wright[1]. L'université s'est

---

1. Lawrence Wright, *The Looming Tower: Al-Qaeda and the road to 9/11*, New York, Alfred A. Knopf, 2006.

disqualifiée d'elle-même. Vingt après les attentats de New York et Washington, l'état de la connaissance outre-Atlantique est tel que des «ateliers diversité» sont même devenus une priorité au sein de la division antiterroriste du FBI[1]. Des ateliers où l'on enseigne à remplacer le terme de «terrorisme islamiste radical» par celui, moins stigmatisant, d'«extrémisme violent», comme le rapporte James Gagliano, un ancien cadre du FBI désormais retraité[2].

En France, Olivier Roy, directeur de recherche au CNRS, annonçait «l'échec de l'islam politique» dès 1992[3]. Beaucoup de travaux prennent d'infinies précautions pour séparer de manière hermétique islam, islamisme et djihadisme, une approche qui empêche d'examiner les phénomènes complexes qui sont à l'œuvre au sein du monde musulman. En revanche, de nombreux ouvrages continuent de paraître sur le concept fumeux de «radicalisation». Un terme, venu des États-Unis, qui est bien pratique pour éviter de prononcer des mots qui fâchent. Les explications sociales ou psychologiques du «basculement dans la radicalité» sont privilégiées, ce qui permet de noyer le poisson religieux. Le djihadisme, «cela n'a rien à voir avec l'islam», martèlent les nouveaux experts. L'emploi du terme «islamisme» lui-même, bien que défini très clairement, devient problématique. Plus grand monde n'ose

---

1. Source : «Diversity and Inclusion Program Policy», FBI, document disponible sur https://vault.fbi.gov/Diversity%20and%20Inclusion%20Program%20Policy%20Guide%20Policy%20Directive%200842D
2. James A. Gagliano, «I watched the FBI become so woke it can't call out terrorism», *New York Post*, 18 janvier 2022.
3. Olivier Roy, *L'Échec de l'islam politique*, Paris, Seuil, 1992.

Islamisme : la connaissance menacée ?

parler d'islam politique, de peur d'être accusé d'islamophobie, et parce que ce serait « faire le jeu de l'extrême droite ». Face à la peur de la critique, l'autocensure grandit.

Dans toutes les communications aux États-Unis comme en Europe, le concept de « radicalisation » et de « déradicalisation » est donc usé jusqu'à la corde pour ne pas « stigmatiser » une population en particulier. Des programmes de « déradicalisation », aussi coûteux qu'inefficaces, ont été mis en place. Les travaux produits vont ainsi mettre sur le même plan toutes les formes de violence : ethnonationalisme, islamisme, extrême droite ou extrême gauche... Tout est fait pour ne pas entrer dans l'étude spécifique de l'islamisme.

Le futur musée du Terrorisme de Paris, qui ouvrira en 2027, est un exemple parfait du syncrétisme de cette recherche qui vise à diluer le djihadisme. Conçu comme un mémorial, il a « pour vocation de rendre hommage aux victimes du terrorisme à l'échelle de la France et du monde[1] ». Si les associations de victimes du terrorisme islamiste ont été consultées au cours de l'élaboration du projet, toutes les formes de violence politique y seront représentées sur un temps élargi. Son directeur, Henry Rousso, est un éminent historien spécialiste du XXe siècle. Il explique le projet scientifique en ces termes : « Nous allons couvrir cinquante ans de terrorisme, nous allons couvrir tous les attentats d'extrême gauche, tous les attentats propalestiniens, tous les attentats d'extrême droite, tous les attentats corses... et tous

---

1. https://musee-memorial-terrorisme.fr/

les attentats islamistes[1]. » Au-delà de cette forme de muséification de la violence, déjà douteuse en soi, n'est-il pas périlleux de mettre le terrorisme italien et allemand des années de plomb sur le même plan que le terrorisme islamiste ? N'est-ce pas participer à une entreprise de décontextualisation ? Cette confusion risque à nos yeux d'occulter la spécificité de la violence islamiste, d'autant que le phénomène djihadiste est encore en cours.

Toujours est-il que des expositions virtuelles ont déjà été mises en ligne, ce qui a donné lieu à une première polémique. Un travail pédagogique a été effectué avec des collégiens et des lycéens, qui ont produit des textes sur des caricatures, entre autres celles de *Charlie Hebdo*. Mais, stupeur, les deux dessins concernés ont été retirés du site, après un débat au sein de l'équipe. Simon Fieschi, rescapé de l'attentat de *Charlie Hebdo* et partie prenante du projet, se désole de cette décision : « C'est une terrible illustration de ce qu'est le terrorisme », déplore-t-il, interrogé par nos confrères du *Monde*[2]. « Le travail des classes était remarquable, mais la décision du musée est en contradiction avec ce contre quoi je me bats, explique-t-il. Ce n'était plus possible pour moi d'être associé à ce projet, ni à titre personnel, ni en tant que représentant de *Charlie Hebdo*. » Henry Rousso nous confiera que l'arbitrage était difficile entre la volonté de montrer ces caricatures et le devoir de protéger la sécurité de ces lycées. Un dilemme cornélien...

---

1. Entretien avec l'historien, 23 octobre 2022.
2. Eléa Pommiers, « Au Musée-mémorial du terrorisme, le dilemme sur la mise en ligne des caricatures de *Charlie Hebdo* », *Le Monde*, 15 octobre 2022.

Islamisme : la connaissance menacée ?

Après vérification cependant, il s'avère que toutes les productions en ligne étaient et sont toujours anonymes. On peut donc légitimement se demander si la sécurité des lycées en question n'était pas un prétexte. Autre détail qui a son importance : si le projet scientifique du musée du Terrorisme mentionne bien le «terrorisme islamiste», à chaque fois que cela est nécessaire, il ne cautionne pas le terme «islamisme». Dans une note, les auteurs du texte expliquent que «l'islamisme» fait partie des «notions polysémiques ou controversées, comme les expressions "violence politique", "antisionisme", "indépendantisme", "stratégie de la tension", etc.». Un paradoxe, car l'adjectif «islamiste» est largement utilisé dans le même texte et n'a rien d'équivoque.

Voici donc un beau projet de musée, emblème de toutes les contradictions universitaires, où le terrorisme islamiste se retrouve dilué, et dont le premier projet en ligne censure les dessins de *Charlie Hebdo*. L'islam radical grignote ainsi inlassablement du terrain, l'air de rien.

Dans les universités européennes, comme américaines, la recherche sur l'islam et le monde arabo-musulman prend du retard. Le politologue Gilles Kepel déplorait en 2017 que l'Institut d'études politiques de Paris ait fermé plusieurs programmes de recherche en 2010, juste avant le début des soulèvements dans le monde arabe. «Les grandes institutions ne forment plus l'élite à ces spécialités», explique-t-il. «Depuis les attentats de 2015, le nombre des chercheurs sur ces thématiques n'a cessé de se réduire[1].»

---

1. Gilles Kepel : «Les études arabes ont quasiment disparu depuis dix ans», propos recueillis par Yves Deloison, *L'Étudiant*, 6 janvier 2017.

En 2022, un Institut français d'islamologie a bien été créé sur l'impulsion du gouvernement, mais il s'agit du regroupement de postes déjà existants dans l'université française. Des crédits spécifiques se sont fait attendre, à tel point que sa présidente, Souâd Ayada, a démissionné. Elle a été remplacée depuis peu par Pierre Caye, directeur de recherche au CNRS. Les premiers appels à projets ont été lancés en 2023. Le problème, c'est que l'une des missions de cet institut public n'est pas exactement ce qu'on peut appeler de la recherche : il s'agit de promouvoir « dans les établissements membres du groupement les parcours qui pourront accueillir des cadres religieux pour leur formation scientifique sur les contenus de savoir de la religion musulmane[1] ». Grâce à sa coopération avec l'université de Strasbourg, en Alsace régie par le Concordat, et son insertion dans un réseau d'universités européennes « Inter-Religio » (*sic*), l'institut peut échapper à la loi de 1905 sur la séparation des Églises et de l'État. On est bien loin de la connaissance sur la culture islamique, sans même parler du phénomène islamiste…

Pendant ce temps-là, les mouvements antiracistes et décoloniaux continuent à prendre toute leur place dans les universités européennes et américaines, avec des études sur l'islam parfois un peu particulières.

Connaissance ou militantisme ?

Dans ce vide académique s'engouffrent des chercheurs qui assument d'être aussi des militants, dont certains

---

1. https://www.legifrance.gouv.fr/jorf/id/JORFTEXT000045114065

Islamisme : la connaissance menacée ?

s'identifient à leur objet, au sein même de l'université publique. Notre confrère Matthieu Aron, du magazine *L'Obs*, avait mené une longue enquête dans certaines universités françaises en 2018[1]. Il y décrivait la progression du mouvement woke à travers l'expansion d'un vocabulaire spécifique : «Racisme structurel» (de l'État français), «domination blanche», «féminisme islamique»... Une nuée de concepts qui ne se limitent plus aux cercles d'initiés et aux réunions militantes. «Un peu partout, écrit Matthieu Aron, on voit se multiplier les cours, les travaux dirigés, les doctorats, les sujets de thèse, les colloques ayant trait à ces questions. Beaucoup des chercheurs ou enseignants rencontrés au cours de cette enquête témoignent sous couvert d'anonymat. Le sujet, disent-ils, est trop "brûlant", trop "passionnel", "confisqué par les extrêmes".» Et de citer pléthore d'exemples. Le 6 novembre dernier, Sciences Po Aix-en-Provence a programmé une conférence sur le thème : «Un féminisme musulman, et pourquoi pas ?» La conférencière s'appelle Malika Hamidi, sociologue, auteure de plusieurs articles et d'un essai, notamment sur la question du foulard. Pour elle, «la lutte féministe de la musulmane d'Europe sera principalement une lutte contre l'islamophobie et le paternalisme d'un certain féminisme occidental à prétention universaliste». Habituée des colloques en France (elle a aussi été invitée à l'Institut d'études politiques de Lyon et à l'EHESS[2]), Malika Hamidi se targue d'être aussi «une femme de foi et une

---

[1]. Matthieu Aron, «Les "décoloniaux" à l'assaut des universités», *L'Obs*, 30 novembre 2018.
[2]. EHESS : École des hautes études en sciences sociales.

militante». À son CV, il faut aussi ajouter le titre de directrice générale de l'European Muslim Network, une organisation présidée par Tariq Ramadan. À l'université de Strasbourg, Matthieu Aron retrouve Hanane Karimi, cette sociologue qui avait participé à l'émission de France 2 sur les djihadistes français partis en Syrie avec le journaliste David Thomson. La faculté des sciences sociales la fait intervenir au printemps 2018 dans son master «Religions, sociétés, espace public». Militante de longue date pour l'abrogation de la loi de 2004 interdisant le port de signes ostensibles à l'école, elle fut l'animatrice en août 2016 d'un «camp d'été décolonial» réservé aux «victimes du racisme d'État» («interdit aux Blancs»). Proche du prédicateur Tariq Ramadan, elle affirme avoir pris ses distances avec lui depuis qu'il est mis en examen pour des viols. «L'avenir de l'islam? C'est Tariq Ramadan», disait au milieu des années 1990 Hassan al-Tourabi, le «pape de l'islamisme», selon le journal *Libération*[1]. Nul doute que, sans ses problèmes judiciaires, il occuperait toujours une place éminente dans le cœur de tous ses adeptes.

L'ex-directeur de recherche émérite au CNRS, le politologue François Burgat, en revanche, assume le fait de ne pas avoir pris ses distances. Le 26 octobre 2018, il lui apportait son soutien sur Twitter, soutien qui ne s'est jamais démenti depuis: «La vraie question n'est plus de savoir si Tariq Ramadan "a violé trois femmes", écrivait-il, mais bien "avec l'aide de qui ces trois femmes sont-elles parvenues si facilement à rouler trois magistrats

---

1. Christophe Ayad, «La langue d'Aladin», *Libération*, 8 juillet 2003.

Islamisme : la connaissance menacée ?

dans la farine ?".» Après l'assassinat de Mireille Knoll, octogénaire de confession juive, chez elle à Paris en 2018, il n'avait pas hésité à écrire, pour mettre en doute le caractère antisémite du meurtre : «Oups! Oh l'erreur! C'était pas vraiment "la shoah dans un appartement" (Badinter)[1]. Mais qui se soucie aujourd'hui de rembobiner le long fil d'hystérie sectaire déroulé depuis les faits par tant de nos ténors politiques, pas seulement du CRIF[2]?» Or, quelques jours après les faits, deux hommes ont effectivement été mis en examen pour meurtre à caractère antisémite. Le 10 novembre 2021, Yacine Mihoub a été condamné par la cour d'assises de Paris à la réclusion criminelle à perpétuité assortie d'une période de sûreté de vingt-deux ans pour le meurtre à caractère antisémite de Mireille Knoll. Son coaccusé a été acquitté pour le meurtre de cette vieille dame juive de quatre-vingt-cinq ans, mais il a été condamné à une peine de quinze ans de réclusion assortie d'une peine de sûreté de deux tiers pour le vol, à caractère là aussi antisémite, de la victime. L'ex-directeur de recherche du CNRS persiste et signe pourtant. Selon lui, l'accusation d'antisémitisme à son encontre est une diffamation de ses détracteurs : «Dès lors que vous vous refusez un tant soit peu à renvoyer dos à dos occupants israéliens et occupés palestiniens, milices armées des colons d'extrême droite et

---

1. François Burgat cite Robert Badinter, ancien garde des Sceaux, qui avait témoigné sur le plateau de LCI le 28 mars 2018, en ces termes : «Une vieille femme à Paris a été assassinée parce qu'elle était juive. Je vais vous raconter ce que ça signifie. […] Le meurtre raciste antisémite, c'est une infamie. Et ça se passe à Paris. Ça existe toujours. Et la véritable interrogation c'est… pourquoi?»
2. François Burgat, Twitter, 1er avril 2018.

députés démocratiquement élus du Hamas, vous êtes un antisémite qui s'ignore[1] ! » Il précisait sa pensée concernant l'islamisme, en 2021, en expliquant à propos des attentats du 13 novembre : « Une part essentielle qui constitue ce que nous appelons le terrorisme islamique [*sic*] n'est qu'une contre-violence[2]. » « Tant qu'on est sur une réticence émotionnelle à l'égard de toute la sphère islamiste, on est sur la mauvaise piste », assure-t-il. Très attentif à la sémantique, il parle de « la guerre contre "ce qu'on appelle le terrorisme" » et déplore « la criminalisation automatique du courant islamiste dans son ensemble ». Au contraire, il cherche à « essayer de réconcilier la pensée de gauche avec un certain coefficient de légitimité des acteurs islamistes[3] ». À propos des terroristes tués par les forces de sécurité, il critique aussi l'emploi du terme « neutraliser » et préconise d'utiliser celui, plus exact selon lui, d'« assassinat », ironisant même en miroir sur la « neutralisation de Français innocents ». Concernant le Bataclan, précisément, il ne reprend ni plus ni moins que les arguments des djihadistes eux-mêmes, à savoir que la raison de l'attaque est la conséquence des frappes contre Daech en Syrie. Mais cela est tout simplement faux : les attaques du 13 novembre ont en effet été décidées par la cellule d'Oussama Atar, au sein de l'État islamique,

---

1. François Burgat : « Antisémitisme : dans le collimateur de "la police de la pensée" », propos recueillis par Fred Geldhof, *Le Muslim Post*, 30 janvier 2019. https://lemuslimpost.com/francois-burgat-collimateur-police-pensee.html
2. François Burgat, « La fabrique du terrorisme », comité « Justice et libertés pour tous », 12 octobre 2021. https://www.cjl.org/2021/10/12/podcast-presidentielle-2022-les-musulmans-partout/
3. Vidéo Twitch du 9 mai 2023 disponible à cette adresse : https://www.twitch.tv/wissamxelka

Islamisme : la connaissance menacée ?

avant le début des frappes contre les djihadistes en Syrie. « Le cancer de la politique occidentale, c'est sa démocratie, explique-t-il, les médias de grande audience sont passés dans l'escarcelle de l'extrême droite. » La France a d'ailleurs, selon lui, « franchi le Rubicon », avec la dissolution du CCIF, le Collectif contre l'islamophobie en France, après la mort de Samuel Paty.

François Burgat est aussi le président du CAREP, le Centre arabe de recherches et d'études politiques de Paris, une filiale du Doha Institute, financé par le Qatar, qui soutient *via* son ONG Nectar Trust (anciennement Qatar Charity) les réseaux fréristes dans toute l'Europe[1].
« Récemment, pour compenser la chute de Tariq Ramadan, écrit le journaliste Clément Fayol, le Qatar a convaincu l'ancien chercheur du CNRS François Burgat et le professeur Bertrand Badie, l'une des têtes d'affiche de Sciences Po Paris, de prendre la tête du CAREP[2]. » Depuis la sortie d'un livre sur les réseaux des Frères musulmans écrit par l'une de ses collègues anthropologue chercheuse au CNRS, Florence Bergeaud-Blackler[3], le président du CAREP twitte quotidiennement plusieurs messages à son encontre, soit près d'une centaine à l'heure où nous écrivons ces lignes. Après avoir été menacée de mort, la chercheuse vit désormais sous protection policière.

François Burgat a continué de diriger des thèses et de présider des jurys jusqu'en 2020. L'un de ses élèves,

---
1. Christian Chesnot, Georges Malbrunot, *Qatar Papers, comment l'émirat finance l'islam de France et d'Europe*, Paris, Michel Lafon, 2019.
2. Clément Fayol, *Ces Français au service de l'étranger*, Paris, Plon, 2020.
3. Florence Bergeaud-Blackler, *Le Frérisme et ses réseaux, l'enquête*, Paris, Odile Jacob, 2023.

Nabil Ennasri, a ainsi produit la thèse suivante, en 2017, en forme d'hagiographie : « Yusuf al-Qaradawi et la politique étrangère du Qatar : une diplomatie religieuse ? » Rappelons qu'al-Qaradawi, réfugié au Qatar jusqu'à sa mort, était le prédicateur de référence des Frères musulmans[1], interdit de séjour sur le sol français. Ultra-fondamentaliste, il était l'auteur du livre *Le Licite et l'illicite en islam*, où il expliquait que l'homme peut « corriger sa femme, tout en évitant de la frapper durement et en épargnant le visage[2] », en des termes similaires à ceux que l'on trouve dans les écrits wahhabites en provenance d'Arabie saoudite. Nabil Ennasri a depuis complété sa formation par un séjour à l'Institut européen des sciences humaines de Château-Chinon, créé par l'Union des organisations islamiques de France, proche des Frères musulmans[3]. Il est désormais président du CMF, le Collectif des musulmans de France, qui a organisé des conférences de soutien à Tariq Ramadan.

Une autre thèse obtenue par Montassir Sakhi en décembre 2020 à l'université Paris 8 a retenu notre attention. Le jury en était présidé par François Burgat. Le rapporteur de la thèse était le professeur Olivier Roy, spécialiste de l'islam. Son intitulé : « L'État et la révolution : discours et contre-discours du jihad : Irak, Syrie, France[4] ». Le contenu de la thèse est parfois très confus :

---

1. Sur la pensée de Youssef al-Qaradawi, voir aussi chapitre 3.
2. Youssef al-Qaradawi, *Le Licite et l'illicite en islam*, traduit de l'arabe par Salaheddine Kechrid, Paris, al-Qalam, 2004.
3. Étienne Pingaud, « Un militantisme musulman ? », *Savoir/Agir*, n° 22, 2012.
4. Montassir Sakhi, « L'État et la révolution : discours et contre-discours du jihad : Irak, Syrie, France », thèse soutenue le 10 décembre 2020 à l'université Paris 8.

Islamisme : la connaissance menacée ?

« Les sciences sociales, écrit l'auteur, butent à la nature extrémiste des attentats qui s'attaquent à la vie des gens que les terroristes intègrent malgré eux à une guerre présente dans la société [*sic*] », mais aussi parfois très clair : « Le nom d'Allah régénère cette motivation et cette flamme à la fois subjective et collective qui anime la résistance et permet de faire perdurer la conflictualité. » Le but de la démonstration est ainsi énoncé : « On montrera, s'agissant de l'État islamique, que c'est depuis la tradition religieuse qu'est fabriquée la modernité de son gouvernement territorialisé. » En tout état de cause, à la lecture de cette thèse, il ne reste que peu de doute quant à son caractère élogieux concernant l'État islamique en Syrie. L'auteur y parle de la « violence pacificatrice de l'EI » et y justifie les attentats du 13 novembre 2015 en ces termes : « Le fait demeure : le meurtre géopolitique, s'il est revendiqué par ceux qui le commettent, est cependant rendu possible et pensable par un singulier nouage du théologique et de la politique ; ainsi la lutte s'énonce-t-elle jihad et les soldats de la guerre que se livrent des nations rivales sont aussi des moudjahidines accomplissant par la violence un acte de piété. » Et le doctorant précise : « L'enquête n'était pas l'observation participante du chercheur au sein de ses enquêtés mais une participation en acte par le partage de fragments d'un vécu confronté à la contrainte étatique. Il m'a ainsi semblé que seul l'engagement inconditionnel aux côtés des uns et des autres me donnait ainsi le droit d'enquête. »

Un engagement inconditionnel, et pour cause…

Montassir Sakhi est un sympathisant du mouvement islamiste marocain Al Adl Wal Ihsane, qu'il qualifie de « confrérie politique et spirituelle ». Il fait même l'éloge de son dirigeant dans l'un de ses articles, parlant du « mythique Abdessalane Yassine[1] ». Cette « confrérie » a pour but l'instauration du califat, un État islamique appliquant la charia au Maroc. Deux ans avant de devenir docteur en anthropologie à l'université Paris 8, cet étudiant marocain avait publié un autre article universitaire[2] également peu ambigu à propos de l'État de droit face au terrorisme. Selon lui, la « lutte antiterroriste » n'est pas uniquement réalisée « par une classe sociale dominante au détriment d'autres pour le maintien de l'ordre des choses », mais également pour le « maintien de la distinction/hiérarchisation des pratiques et formes culturelles au sein de l'espace social [*sic*] », le tout « réalisant le fonctionnement froid de l'État moderne ». Tous ces éléments n'ont visiblement empêché ni François Burgat ni Olivier Roy de se prononcer pour l'admission de ce candidat, qui est désormais docteur en anthropologie et chercheur postdoctorant à Paris 8. Au contraire, Olivier Roy soulignait même le caractère « remarquable » de cette thèse élogieuse à l'égard de l'État islamique. François Burgat appréciait également qu'elle assume « une empathie raisonnée avec les acteurs ». Il y

---

1. Montassir Sakhi, « L'activisme politique dans les milieux estudiantins », Louvain-La-Neuve, CETRI, 30 juin 2008.
2. Montassir Sakhi, « Terrorisme et radicalisation, une anthropologie de l'exception politique », *Journal des anthropologues*, 15 novembre 2018.

Islamisme : la connaissance menacée ?

a peu, le politologue se disait optimiste quant à la progression de sa vision de l'islamisme au sein de l'université française. Nul doute qu'entre de telles mains l'expertise sur l'islam politique progresse...

L'université publique, à travers le mouvement antiraciste et décolonial, devient poreuse au discours islamiste lui-même. Mais la recherche privée n'est pas en reste. Les études qu'elle soutient, comme à l'université, sont caractérisées par l'adoption massive du langage de la discrimination, de l'antiracisme, de l'islamophobie et de l'intersectionnalité.

Ainsi, en Europe, certains organismes sont particulièrement actifs dans la production de connaissance sur l'islam politique. Le 2 octobre 2021, une conférence internationale se tient pour les vingt ans des attentats du 11 septembre 2001[1], sous l'égide de CAGE, un mouvement britannique de défense des droits de l'homme qui se définit lui-même comme «une organisation de base indépendante luttant pour un monde sans injustice ni oppression». Comme la conférence se déroule en ligne, il est simple d'y assister. Elle promet «une série de discussions stimulantes entre des esprits de pointe qui ont vécu l'échec de la guerre contre le terrorisme». Les thèmes clés incluent l'islamophobie et la répression des populations musulmanes. Dès la page d'accueil, nous ne sommes pas déçus. L'un des premiers intervenants, le Britannique Moazzam Begg, vient tout droit de Guantanamo, il est présenté comme faisant partie du «Top 50 des héros de

---

1. https://event.cage.ngo/witnessing-the-20-year-war-of-terror?__cf_chl_ jschl_tk__=pmd_JZKqvFT07ZS5w23mBmPNMkwecm0oZFk371tnmmE 7qM4-1632692975-0-gqNtZGzNAjujcnBszQi9

notre temps». Certains détenus l'ont été abusivement par les services américains, mais ce n'est pas vraiment le cas ici. L'homme reconnaît lui-même avoir été un financeur du djihad en Bosnie et en Tchétchénie, et il a participé à des camps d'entraînement au Pakistan[1]. Le deuxième conférencier est Mullah Abdul Salam Zaeef, un ancien ambassadeur taliban. Parmi les «esprits de pointe» qui ont «vécu l'échec de la guerre contre le terrorisme», en effet, on ne peut pas trouver mieux. On devine vite que la conférence cherche à sensibiliser non pas à la douleur des victimes de la violence djihadiste mondiale, mais au sort des «millions de personnes touchées à travers le monde» par la supposée «violence parrainée par l'État» menée depuis le 11 septembre et le début de la «guerre contre le terrorisme». L'association CAGE a, selon le journal suisse *Le Temps*, «une réputation sulfureuse dans le monde du renseignement. Cofondée par d'anciens détenus de Guantanamo, elle a admis en 2015 avoir été consultée par l'islamiste Mohammed Emwazi avant que ce dernier ne devienne "Jihadi John", le sinistre égorgeur de l'État islamique en Syrie[2].»

Cette conférence fait partie d'une campagne plus globale : *L'International Witness Campaign*[3] («Campagne internationale de témoignages»), pour commémorer d'une manière assez particulière les vingt ans des attentats du 11 septembre. Parmi les organisateurs, on trouve

---

1. Vikram Dodd, «UK claims freed Britons pose terror threat», *The Guardian*, 12 février 2005.
2. Sylvain Besson, «Les services secrets suisses ciblent des islamistes pro-Qatar», *Le Temps*, 5 janvier 2018.
3. https://www.20yearsofwar.com/

Islamisme : la connaissance menacée ?

également l'IHRC, ou Commission islamique des droits de l'homme, une ONG britannique pro-iranienne qui organise une journée annuelle Al-Qods à Londres, avec des orateurs appelant à l'élimination de l'État d'Israël. Une ONG qui avait aussi décerné à *Charlie Hebdo* le prix de «l'islamophobe de l'année» le 7 mars 2015, deux mois après les attentats du 7 janvier. «Ce qui est particulièrement intéressant, explique Damon Perry, chercheur au King's College de Londres, c'est l'inclusion de thèmes de justice sociale dans la campagne[1].» En effet, le 22 septembre 2021, CAGE organisait un webinaire intitulé «La justice sociale dans la sécurité nationale : vingt ans après le 11 septembre». Aux côtés du directeur de l'ONG CAGE, étaient invitées Saleema Snow, professeure de droit à l'université du district de Columbia, aux États-Unis, qui enseigne la théorie critique de la race, et Sahar Aziz, chercheuse en justice sociale à la faculté de droit de l'université Rutgers, dans le New Jersey. Cet exemple illustre parfaitement le mélange des genres entre le militantisme islamiste et le wokisme.

Autre partenaire de cette campagne : l'université privée Zaim d'Istanbul, par la voix de l'une de ses filiales, le CIGA, Center for Islam and Global Affairs. Cet organisme de recherche a été créé par Sami al-Arian, un universitaire étant arrivé à l'âge de dix-sept ans dans l'Illinois, qui aurait été proche du Djihad islamique palestinien à la fin des années 1980. Arrêté par le FBI en 2003,

---

1. Damon Perry, «CAGE, MEND and IHRC co-launch international campaign against western democracies' war on terror», Policy Exchange, 8 octobre 2021.

il a été condamné à dix-huit mois de prison en 2005 et expulsé des États-Unis dans la foulée. Le CIGA serait, selon Lorenzo Vidino, chercheur italien spécialiste de l'islamisme, une « plaque tournante majeure des études sur l'islamophobie en Europe[1] ». Le centre a collaboré avec les militants de CAGE, à de multiples reprises, et organisé maintes conférences sur la guerre contre le terrorisme, la Palestine et... l'islamophobie bien sûr.

Un autre grand organisme pourvoyeur de nombreuses études sur l'islamophobie, c'est l'université de Georgetown, où officie d'ailleurs l'égérie française du wokisme, Rokhaya Diallo. Située dans la capitale américaine, Washington DC, cette université est régulièrement classée parmi les quinze meilleures des États-Unis. L'une de ces études, le Bridge Project (« projet pont »), a retenu l'attention de Lorenzo Vidino[2]. Lancée en 2018, elle a reçu un financement de vingt millions de dollars de l'Arabie saoudite. Ce projet, entièrement dédié à l'islamophobie, est dirigé par deux spécialistes des études islamiques, John Esposito et Jonathan C. Brown, ayant des liens étroits avec Sami al-Arian. Depuis son expulsion des États-Unis, ce dernier travaille à populariser le concept d'islamophobie de l'autre côté de l'Atlantique, depuis Istanbul. Jonathan C. Brown est son beau-fils, car il est marié à sa fille, productrice pour la télévision qatarie Al Jazeera. Volontiers indulgent vis-à-vis de l'islamisme dans ses travaux scientifiques, John Esposito a signé en mai 2023 une tribune de soutien, en compagnie de François

---

1. Lorenzo Vidino, « The rise of "woke" islamism in the West », Hudson Institute, 2 mai 2022.
2. https://bridge.georgetown.edu/

Islamisme : la connaissance menacée ?

Burgat, à Rached Ghannouchi, le chef du parti islamiste Ennahdha en Tunisie, qui était proche de l'ayatollah Khomeyni. Le 14 mars 2023, on retrouve sur la page d'accueil l'invitée d'honneur de l'équipe du Bridge Project, la députée américaine Ilhan Omar – la militante provoile qui s'est opposée à Masih Alinejad, l'une des figures actuelles de la rébellion des femmes iraniennes. Masih Alinejad a échappé à une tentative de meurtre, et à une autre d'enlèvement, et vit désormais à New York sous protection policière. Mais l'objectif du Bridge Project n'est visiblement pas de bâtir des ponts avec la révolte iranienne.

Un autre homme relie les deux organismes phares de recherche sur l'islamophobie de chaque côté de l'Atlantique : il s'agit de Farid Hafez, un politologue autrichien, qui a été boursier du CIGA et a participé à plusieurs conférences du centre turc. Il est aussi chercheur senior au Bridge Project de l'université Georgetown. Selon Lorenzo Vidino, « l'homme incarne parfaitement le wokisme islamiste universitaire transnational[1] ». D'ailleurs, sa dernière publication est un emblème de l'utilisation du wokisme à des fins islamistes. Elle s'intitule « "L'autre" Autriche. La vie en Autriche au-delà de la domination catholique allemande hétéronormative blanche[2] » et a été publiée en 2021. L'un de ses articles précédents présente ce qui est désormais un poncif dans les discours fréro-salafistes : le parallèle entre le sort des juifs dans les

---

1. Lorenzo Vidino, *op. cit.*
2. Farid Hafez, *Das « andere » Österreich: Leben in Österreich abseits männlichweiß-heteronormativ-deutsch-katholischer Dominanz*, Vienne, New Academic Press, 2021.

années 1930 et «l'islamophobie» contre les musulmans en Europe aujourd'hui : «De la judéification à l'islamisation : antisémitisme politique et islamophobie dans la politique autrichienne hier et aujourd'hui[1].» Soupçonné d'être l'un des dirigeants européens des Frères musulmans, il a été arrêté lors de la plus grande opération antiterroriste jamais menée en Autriche après l'attentat de Vienne en 2020. Cependant, au début de l'année 2023, toutes les charges retenues contre lui ont été abandonnées par la justice autrichienne. Aucune preuve n'a pu être étayée, comme le rapporte le journal *Der Standard*[2].

Farid Hafez est par ailleurs l'un des corédacteurs du «rapport annuel sur l'islamophobie en Europe», financé par des fonds européens[3]. La Commission européenne n'y voit rien à redire. Selon elle, «les règles de l'UE régissant l'octroi de subventions ont été respectées». Mais le Parlement européen ne le voit pas du même œil : il a adopté une résolution[4] dans laquelle il déplore que «Farid Hafez, spécialiste autrichien de sciences politiques, ait reçu à plusieurs reprises des financements du budget de l'Union, malgré ses liens étroits avec les Frères musulmans et le gouvernement turc, qui tentent de réduire au silence les journalistes indépendants et de mettre fin à la liberté des médias en prétextant qu'ils sont islamophobes».

---

1. Farid Hafez, «De la judéification à l'islamisation : antisémitisme politique et islamophobie dans la politique autrichienne hier et aujourd'hui», *ReOrient*, vol. 4, n° 2, printemps 2019.
2. Jan Michael Marchart, «Verfahren gegen Österreichs angeblichen Muslimbrüder-Anführer eingestellt», *Der Standard*, 6 janvier 2023.
3. *European Islamophobia Report*, https://islamophobiareport.com/en/
4. Résolution n° 394 du Parlement européen du 29 avril 2021.

Islamisme : la connaissance menacée ?

Pour le rapport annuel 2021, c'est le président français Emmanuel Macron qui avait eu droit à la pleine page de couverture. La France est dans le viseur des islamistes depuis longtemps, mais elle l'est encore plus depuis le vote de la loi séparatisme du 24 août 2021, intervenu après le choc de l'assassinat de Samuel Paty en octobre 2020. Le rapport annuel sur l'islamophobie en Europe a toujours été imprimé à Istanbul, en Turquie, et publié par le SETA, un organisme proche du gouvernement de Recep Tayyip Erdogan. Mais, depuis 2023, sans doute pour être plus discret vis-à-vis des bailleurs européens, il est désormais publié par un obscur établissement autrichien, l'institut Leopold-Weiss[1], dont Lorenzo Vidino a trouvé le nom du directeur : Farid Hafez. «Le serpent se mord la queue», conclut-il.

L'affaire du vrai-faux podcast du **New York Times**

C'est une affaire dans l'affaire.
Pour bien la comprendre, il faut remonter à l'année 2014. À cette époque, un scandale éclate à Birmingham, dans le centre de l'Angleterre. Dans six écoles primaires de la ville, des parents constatent une dérive de certains enseignements, la séparation des garçons et des filles, et des appels à la prière diffusés par haut-parleurs. «Birmingham est sous le choc», écrit le journal *Le Monde*. «La deuxième ville du royaume est aujourd'hui à l'affiche partout. L'affaire de l'infiltration par les extrémismes

---

1. https://www.setav.org/en/tag/leopold-weiss-institute/

musulmans de six écoles publiques de la cité des Midlands relance, non seulement, le débat sur l'évolution de la société multiculturelle britannique mais encore, divise le gouvernement de coalition conservateur-libéral-démocrate du Premier ministre, David Cameron[1]. » Les événements sont surnommés par la presse et la classe politique «l'affaire du cheval de Troie». Le rapport demandé par le ministère de l'Éducation nationale britannique est explosif[2] : il met en lumière, selon le journal *Le Monde,* une «conspiration visant à imposer un ordre islamique dans les établissements comptant une majorité d'élèves musulmans[3]». Des jeunes filles auraient été forcées à porter le voile, et des établissements auraient même financé sur des deniers publics des voyages à La Mecque. Des professeurs et des personnels administratifs auraient été harcelés et forcés à la démission car jugés pas assez complaisants. Le ministre de l'Éducation conservateur, Michael Gove, accuse sa collègue Theresa May, ministre de l'Intérieur, de se focaliser sur la surveillance des jeunes Britanniques engagés aux côtés des djihadistes en Syrie, et de ne pas assez prêter attention aux «signaux faibles», aux agissements des militants islamistes dans les écoles des quartiers dits sensibles. Les travaillistes sont eux aussi divisés : si

---

1. Marc Roche, «Le noyautage d'écoles publiques à Birmingham par des islamistes provoque un scandale politique», *Le Monde,* 10 juin 2014.
2. Peter Clarke, «Report into allegations concerning Birmingham Schools arising from the "Trojan Horse" letter», rapport d'enquête parlementaire, House of Commons, 22 juillet 2014, disponible sur https://assets.publishing.service.gov.uk/government/uploads/system/uploads/attachment_data/file/340526/HC_576_accessible_-.pdf
3. Marc Roche, *op. cit.*

Islamisme : la connaissance menacée ?

certains dénoncent l'aspect « sensationnaliste » d'une certaine presse, beaucoup reconnaissent que de réelles lacunes existent au sein de l'Éducation nationale britannique, et que des problèmes sérieux sont posés par cette affaire[1].

Le premier rapport parlementaire, celui du commissaire à l'Éducation Peter Clarke[2], pointe une « ingérence de l'instance dirigeante dans les programmes et la vie quotidienne des écoles, des stratégies de harcèlement pour évincer des chefs d'établissement », la volonté de certains, parmi le personnel, de « renforcer l'identité musulmane, ce qui passe par l'exclusion ou le dénigrement d'autrui ». Il démontre, grâce au recoupement de témoignages et de documents, un « effort déterminé pour prendre le contrôle des organes dirigeants au niveau d'un petit nombre d'écoles » par des enseignants et des personnels administratifs qui font preuve d'une « éthique islamique agressive ». On apprend dans ce rapport officiel que, dans certaines écoles de Birmingham, « le créationnisme est enseigné en cours de science », et que les personnels et les élèves qui ne prient pas sont « dénigrés », et traités de « *kouffars* ».

Le rapport de Peter Clarke est conforté par plusieurs autres études indépendantes qui établissent des faits concordants et similaires. Nulle existence d'un « complot systématique » ou d'un « plan coordonné », mais des preuves, là encore, dans certaines écoles, d'efforts en vue d'une prise de contrôle progressive. Des participants

---

[1]. Damon L. Perry, Paul Stott, « The Trojan Horse Affair: a documentary record », Policy Exchange, 2022.
[2]. Peter Clarke, *op. cit.*

prônent sur des groupes de messagerie, par exemple, de « dresser des parents salafistes contre les autorités scolaires, de favoriser les personnels administratifs qui se prononceraient pour l'introduction, au "goutte-à-goutte", d'un enseignement compatible avec les normes islamistes, ou encore d'encourager les personnels de ces écoles à faire du harcèlement ciblé pour forcer d'autres personnels résistants à partir[1] ». Ces rapports établissent qu'« un certain nombre de personnes qui occupent des postes d'influence dans ces écoles sympathisent avec, ou, du moins, ne remettent pas en cause des opinions extrémistes », écrivent Damon Perry et Paul Stott[2].

Après l'éclatement du scandale, le gouvernement prend des mesures pour écarter les personnels qui, à des postes d'influence, ont visiblement abusé de leur pouvoir pour dévoyer l'enseignement et favoriser un prosélytisme agressif dans ces six écoles de Birmingham.

L'affaire en reste là. Jusqu'au 27 janvier 2022… Ce jour-là, le *New York Times* et la boîte de production Serial mettent en ligne un podcast[3] de plus de six heures sur le site web du journal ainsi que sur différentes plateformes comme Spotify ou Apple. L'émission est menée tambour battant, comme une série d'investigation criminelle, pour dénoncer un « complot islamophobe » de la part de l'État britannique. Ce qui s'est passé, martèle l'émission, n'a rien à voir avec l'extrémisme : il

---

1. Ian Kershaw, « Investigation Report: Trojan Horse Letter », *Northern Education*, juillet 2014, cité par Damon L. Perry et Paul Stott, *op. cit.*
2. Damon L. Perry, Paul Stott, *op. cit.*
3. « The Trojan Horse Affair », *The New York Times*/Serial Productions, sur https://www.nytimes.com/interactive/2022/podcasts/trojan-horse-affair.html#listen

Islamisme : la connaissance menacée ?

s'agit seulement d'un problème de gouvernance. Une musique entraînante ponctue les interviews et les interventions des deux journalistes qui ont réalisé le travail. Une opération de brouillage rondement menée...

Les deux enquêteurs se sont focalisés sur un élément, qui est faux d'après eux : une lettre anonyme envoyée à la mairie de Birmingham qui a déclenché toute l'affaire. La missive décrit précisément les buts à atteindre, y compris l'installation d'équipes encadrantes «favorables au projet». C'est un courrier qui aurait été envoyé par un membre de la communauté scolaire, qui l'aurait eu en sa possession. Mais les différents rapports n'en ont jamais dévoilé l'expéditeur ou l'origine. Pour le *New York Times*, c'est donc bien la preuve d'un complot islamophobe. En quelques jours, le podcast va être relayé par d'influents comptes sur les réseaux sociaux, comme celui du Conseil des musulmans de Grande-Bretagne, ou ceux des associations antiracistes proches des islamistes MEND ou CAGE. Les réseaux sociaux wokes vont ensuite prendre le relais. Comme le raconte le chercheur Damon Perry, spécialiste britannique de l'islamisme : «Sur les cent quarante-trois principaux tweets relayant le podcast entre le 27 janvier et le 22 février, seuls six sont critiques.» Parmi les relais, de nombreux universitaires travaillant dans le domaine des études relatives au racisme, à l'islamophobie, et à la décolonisation. «Le problème, c'est que ce récit erroné s'est répandu comme une traînée de poudre à la fois dans les universités et dans la société britannique», explique Damon Perry. Le 24 décembre 2022, l'émission du *New York Times* s'est hissée en quatrième position en termes d'audience sur Spotify, et même en deuxième position sur la plateforme d'Apple, au Royaume-Uni.

L'un des deux réalisateurs du podcast est Hamza Syed, un ancien étudiant en médecine devenu journaliste pour, dit-il, «déconstruire ce complot islamophobe». Le contenu de l'émission est très clair : elle ne cherche jamais à établir la vérité des faits sur ce qu'il s'est réellement passé dans ces écoles de Birmingham, mais à prouver l'innocence des personnes mises en cause, qui ont subi, selon le *New York Times*, une «chasse aux sorcières islamophobe menée par le gouvernement». Tahir Alam, l'un des principaux responsables démis de ses fonctions en 2014, raconte sans ciller que les «musulmans ont été les boucs émissaires» de ce complot qui a servi à «contrecarrer leurs efforts pour améliorer l'éducation des enfants musulmans». Le Conseil des musulmans de Grande-Bretagne demande des excuses officielles. Selon lui, le gouvernement britannique se serait même servi de cette affaire pour justifier la mise en place de la loi de lutte contre la radicalisation *Prevent* («Prévention») en 2015. Les services de contre-terrorisme londoniens seraient «islamophobes». L'accusation est tellement grotesque que le gouvernement n'y répond même pas.

Le problème, c'est qu'un large public appréciant la forme du podcast, provenant qui plus est d'une vénérable institution journalistique, est trop jeune pour se souvenir de l'affaire d'origine. Cette génération, sensibilisée à la question des discriminations et des minorités, ne va retenir que cette «nouvelle vérité», qui n'en est pas une. L'absence de réaction officielle du gouvernement britannique, et de réponse médiatique sérieuse, va

Islamisme : la connaissance menacée ?

ouvrir la voie à une nouvelle vague de médiatisation qui va relayer sans précaution la dénonciation d'un prétendu «récit complotiste antimusulman». En France, même la radio publique Radio France fait ainsi une chronique sur ce «magistral» travail du *New York Times*[1].

C'est ce qui a amené le chercheur Damon Perry et le directeur des études sur l'extrémisme Paul Stott à produire un rapport étayé, pour le coup magistral, de 195 pages, n'omettant aucun élément ni aucun document, pour «débunker» le podcast[2]. Le fait est, rappelle Damon Perry, que la fameuse lettre qui a lancé «l'affaire du cheval de Troie» n'est que la dernière de nombreuses alertes qui ont été émises à Birmingham concernant l'entrisme islamiste dans l'enseignement public. Dès 2010, Tim Boyes, un directeur d'école, avait fait remonter dans une lettre au ministère de l'Éducation nationale des faits inhabituels, il parlait du «défi que posait l'islam politique dans les écoles de sa ville». Les questions qu'il abordait alors étaient similaires à celles qui étaient soulevées dans la lettre anonyme de 2014. Et ce n'est pas tout. Au ministère de l'Éducation nationale, «pas moins de six rapports concernant des problèmes d'extrémisme religieux dans les écoles de Birmingham ont été recensés entre 1994 et 2013», explique Damon Perry. Les tentatives d'entrisme ne datent donc pas d'hier. D'ailleurs, la contestation des faits est aussi ancienne. En 2014, les militants du Socialist Workers

---

1. Thomas Biasci, «L'affaire "cheval de Troie", une panique morale magistralement racontée par le *New York Times*», Radio France, 25 février 2022, accessible sur https://www.radiofrance.fr/franceinter/podcasts/la-chronique-de-thomas-biasci/la-chronique-de-thomas-biasci-du-vendredi-25-fevrier-2022-2462885
2. Damon L. Perry, Paul Stott, *op. cit.*

Party – ceux-là mêmes qui ont théorisé l'alliance avec les islamistes – qualifiaient les alertes de «racisme flagrant».

Plus largement, les événements de «l'affaire du cheval de Troie» et sa remise sur le devant de la scène par ce vrai-faux podcast du *New York Times* sont à replacer dans le contexte d'un temps plus long, un projet de plusieurs décennies visant à «islamiser» l'offre d'éducation, que ce soit au Royaume-Uni ou ailleurs. Et «le concept d'"islamisation" n'est pas un complot fabriqué par des médias "de droite" ou un gouvernement "islamophobe"», expliquent Damon Perry et Paul Stott. Au contraire, c'est un élément clé des réflexions et des planifications stratégiques d'organisations et d'individus, dont un exemple avait été mis en place à Birmingham en 2014. Il suffit pour le vérifier d'écouter ce que dit le Conseil des musulmans de Grande-Bretagne, qui recommande par exemple de lire les travaux de Mohamed Akram Khan-Cheema, responsable de l'Association des écoles musulmanes du Royaume-Uni. Celui-ci explique très simplement la nécessité de «l'islamisation du savoir» pour un «nouvel ordre mondial[1]». Dans la même veine, pour Ghulam Sarwar, le directeur du Muslim Education Trust outre-Manche, «l'éducation islamique doit faire partie des efforts dans le monde entier pour établir l'islam comme un mode de vie qui englobe tout[2]».

---

1. Mohamed Akram Khan-Cheema, Musharraf Hussain, «Islamisation of knowledge: the concept, the process, and the outcomes», Karimia Institute, 19 février 2007, reproduit en annexe du rapport de Damon L. Perry et Paul Stott, *op. cit.*

2. Ghulam Sarwar, «Islamic education: its meaning, problems and prospects», Londres, Muslim Education Trust, 2001, cité par Damon L. Perry et Paul Stott, *op. cit.*

Islamisme : la connaissance menacée ?

Ainsi, des voix militantes, dont le *New York Times* a constitué une caisse de résonance extraordinaire, ont proclamé sans aucune preuve, et sans être contredites, l'existence d'un «complot d'État». «C'est seulement en ignorant les faits, écrit Damon Perry, ou en refusant de voir leur signification, que de telles affirmations peuvent avoir quelque crédibilité.» Or, les faits parlent d'eux-mêmes. Bien sûr, toute vérité peut être contredite, de la même manière que la science peut être remise en cause. Mais, dans un processus sain de débat démocratique ou scientifique, il importe de garder à l'esprit que cette contestation ne peut intervenir qu'en apportant des faits contraires étayés. Bref, en opposant des preuves, et non en relayant des accusations complotistes.

8

Le sexe des anges

Ébaubir, stupéfier l'adversaire par un flot absurde de paroles. Ce stratagème est fondé sur le fait que : « L'homme croit fréquemment que s'il entend des mots, il doit s'y joindre aussi une sorte de sens[1]*. »*

Quel genre de théorie est la théorie du genre ?

Il y a cinq cent soixante-dix ans tout juste, en 1453, commençait le siège de Constantinople par les Turcs. Le 29 mai, après cinquante-quatre jours de patience, le sultan ottoman Mehmed II, dit le « Conquérant », s'emparait de la ville, réalisant le rêve de tous les princes musulmans depuis les origines de l'islam. Ce fut la fin de l'Empire byzantin. Dans le langage courant, de nos jours encore, l'expression de « querelles byzantines » est restée... Selon une légende, les prêtres orthodoxes et les

---

1. Arthur Schopenhauer, *L'Art d'avoir toujours raison*, Paris, Circé, 1999.

gens de la cour étaient si occupés à discuter dans le palais de l'empereur de la question théologique du sexe des anges que la prise de la ville en aurait été facilitée. «Dieu merci! écrivait le journaliste Pierre Audiat dans *Le Monde* du 14 avril 1953, l'amère leçon a porté ses fruits, et une méditation de cinq siècles nous met à l'abri de ces cruelles mésaventures. Le monde n'est plus déchiré par des querelles de politique mystique. Aujourd'hui nous voyons nettement d'où viennent les périls réels, et, bien sûr! À la lumière de l'expérience, nous ne sommes pas gens à ratiociner sans fin sur les principes tandis que déjà nos murs s'écroulent.»

Dans les différentes bulles de savon wokes, pour reprendre l'expression du chercheur Olivier Moos, il en est une qui est un peu plus grande que les autres : la théorie du genre. Il y a dix ans, les débats tournaient autour du sexe biologique qui ne s'opposait pas au genre, construit socialement. L'un et l'autre pouvaient ne pas correspondre. Disons-le clairement : il n'est pas question d'effectuer une analyse critique du phénomène «trans» à la manière des virilistes et autres masculinistes. Mais il nous semble que le débat s'est depuis crispé dans le sens d'une intolérance grandissante (un euphémisme) à toute voix discordante. Là où les discussions parfois animées entre spécialistes de biologie, de sociologie ou de philosophie, faisaient rage il y a dix ans, elles ne sont aujourd'hui plus possibles. Le terme de «transphobe» est désormais assigné à quiconque émet la moindre objection critique sur certaines dérives du transgenrisme, ses zélotes rejoignant en cela la cohorte intolérante qui traite d'«islamophobe» toute personne

Le sexe des anges

luttant contre l'intégrisme islamiste. Dans le wokisme, la binarité est reine, et surtout sans fin. Et il faut choisir son camp : celui des dominants ou celui des dominés. Et dans celui des dominés, l'émiettement des identités est infini et en continuelle expansion. Loin de nous l'idée de contester l'existence de minorités sexuelles discriminées, au contraire. Mais le débat actuel, on va le voir, dépasse largement la défense des homosexuels, des lesbiennes, des bisexuels et des transgenres ou transsexuels.

Le 29 juin 2018, Daniel Schneidermann, journaliste de télévision français, présente comme à son habitude son émission «Arrêt sur images», consacrée à la Marche des fiertés qui doit avoir lieu à Paris quelques jours plus tard. Sa chroniqueuse égrène les noms et les fonctions des quatre invités : «Arnaud Gauthier-Fawas, vous êtes administrateur de l'inter-LGBT, la fédération d'associations qui organise la Marche des fiertés qui a lieu ce week-end avec comme mot d'ordre cette année : "les discriminations au tapis, au sport comme dans nos vies" ; Camille, vous avez souhaité rester anonyme, vous êtes membre du collectif de lutte et d'action Queer, le CLAQ[1], qui refuse ce mot d'ordre, et qui a participé avec d'autres organisations à lancer un appel en cortège de tête : "Stop au *pink washing*".» Elle enchaîne : «Thierry Schaffauser, vous êtes porte-parole du Strass, le Syndicat du travail sexuel, donc ce qui concerne les prostitués, acteurs ou actrices pornographiques, opératrices de téléphone ou de webcam rose, etc. Vous faites partie de l'inter-LGBT, mais vous avez aussi signé

---

1. CLAQ : Comité de libération et d'autonomie *queer*.

l'appel "Stop au *pink washing*" ; et Joël Deumier, vous êtes le président de SOS homophobie, une association nationale de lutte contre l'homophobie.» Un plateau on ne peut plus progressiste sur le papier, à part un détail qui chiffonne Daniel Schneidermann. Il se tourne vers sa collaboratrice : «Alors la toute première question, elle est pour vous, Hélène, parce que je pense qu'elle va nous être posée sur les réseaux sociaux : quatre invités, quatre hommes, pourquoi cela a-t-il été si difficile d'inviter des femmes ? » Le présentateur, à la pointe des combats sociétaux depuis de nombreuses années, s'excuse alors pour le sexisme de son plateau... Mais il est interrompu par une réponse qu'il n'attendait visiblement pas : «Je ne suis pas un homme, monsieur», s'insurge Arnaud Gauthier-Fawas. Voix grave, crâne dégarni et portant la barbe, celui-ci lance très sérieusement : «Je ne sais pas ce qui vous fait dire que je suis un homme.» «Votre apparence?» rétorque Schneidermann. Mal lui en prend, car Gauthier-Fawas lui fait alors la leçon : «Ah bon? Déjà, il ne faut pas confondre identité de genre et expression de genre, sinon on va mal partir. Je suis non-binaire, ni masculin, ni féminin, et je refuse qu'on me genre comme un homme.» Interloqué, Daniel Schneidermann tente l'humour : «D'accord, mais ça ne résout pas le problème des femmes sur le plateau.» Son interlocuteur s'énerve : «Cela ne résout pas le problème des femmes sur le plateau, mais ne dites pas qu'il y a quatre hommes, vous me mégenrez et c'est pas très agréable.» La séquence, surréaliste, se termine par un «je suis désolé si je vous ai offensé», d'un journaliste qui ne pensait sans doute pas être pris en flagrant délit d'ignorance du phénomène phare de la sphère progressiste de ces dernières années : la théorie du genre.

La théorie du genre, c'est l'idée qu'il existe une déconnexion entre sexe, genre et sexualité. Le genre et la sexualité non seulement ne peuvent se réduire à l'anatomie, mais de surcroît en font abstraction. On se souvient de cette fameuse phrase de Simone de Beauvoir : « On ne naît pas femme, on le devient », qui a guidé des générations de féministes. Pour la philosophe française, la domination masculine est culturelle et n'a rien de naturel. L'idée n'est pas de nier les différences biologiques entre les hommes et les femmes, mais de dévoiler les origines sociales et culturelles, donc arbitraires, de l'inégalité des sexes, dans tous les domaines. À la fin des années 1960, de nombreuses disciplines s'engagent dans les études de genre, principalement aux États-Unis, puis en Europe. La littérature, la philosophie, l'histoire, la psychologie, voire la linguistique, voient fleurir les études de genre. Le concept de *gender* naît dans cette veine autour d'une réflexion sur le sexe et les rapports hommes-femmes. Le terme *gender* est popularisé par le psychiatre et psychanalyste Robert Stoller[1] et prend ensuite de l'ampleur lorsque le mouvement féministe s'en empare.

Un tournant intervient avec la parution d'un livre majeur : celui de Judith Butler, *Trouble dans le genre*[2], publié en 1990 aux États-Unis. La philosophe américaine,

---

1. Robert Stoller, *Sex and Gender, the Development of Masculinity and Femininity*, New York, Science House, 1968. (Londres, Karnac Books, 1984)
2. Judith Butler, *Trouble dans le genre*, traduit de l'anglais (américain) par Cynthia Kraus, Paris, La Découverte, 2006 (1990).

professeure à l'université de Berkeley en Californie depuis 1993, travaille sur les théories qui expliquent l'identité sexuelle, qu'elle va critiquer et réviser pour fonder un nouveau féminisme. Elle va aller beaucoup plus loin dans la déconstruction, en s'intéressant aux effets des discours. Pour elle, le genre lui-même peut être le résultat de l'imposition d'un discours dominant. Le corps serait sexué uniquement par le langage ; toute vision naturaliste du sexe serait donc à bannir. L'individu, selon cette théorie du genre, devient libre de faire évoluer comme bon lui semble son identité sexuelle, et de s'émanciper ainsi du système hétéronormé dominant.

La théorie de Judith Butler va connaître un grand succès outre-Atlantique, et, comme les autres bulles wokes, être importée en Europe. Nul besoin de l'adapter cette fois : il y a des femmes et des hommes partout, elle s'appliquera telle quelle. Et cela fonctionne : en une trentaine d'années, la notion de genre a envahi toutes les sphères de la vie sociale, des documents administratifs au marketing des entreprises, sans parler des universités. Mais la théorie du genre aboutit aussi à une forme de culturalisme intégral, et à un nouveau féminisme différentialiste, par opposition au féminisme universaliste[1].

---

1. Depuis quelques années, un nouveau clivage s'est formé au sein du mouvement féministe, entre deux courants maintenant dénommés «féminisme universaliste» et «féminisme intersectionnel». Les féministes universalistes, comme Élisabeth Badinter, mettent en avant le fait que l'infériorisation des femmes est un phénomène universel, résultat d'un système patriarcal qui doit être remis en question. Le féminisme des particularismes intersectionnel, au contraire, en vient à opposer les femmes entre elles ; certains combats sont de fait minimisés, car ils se retrouvent à «l'intersection» avec d'autres combats. Le patriarcat islamiste, ainsi, sera dans l'angle mort des féministes intersectionnelles.

Le sexe des anges

Un culturalisme intégral signifie que tout peut être construit culturellement et que la réalité biologique n'existe plus. D'ailleurs, au terme «féminisme», Judith Butler préférera celui, plus inclusif, de «sexisme». «Ce vers quoi il faut tendre, c'est le "trouble"», explique la chercheuse Séverine Denieul[1]. «Du moment qu'on assigne une identité, un sexe ou un genre à une personne, cela veut dire qu'on est du côté de la norme "fasciste", il faut donc prôner la "plasticité indéfinie de l'individu", et renoncer du même coup aux premiers combats féministes.» Le corps est considéré uniquement comme un objet socialement construit, ce qui ouvre la porte à une infinité d'identités de genre. Le dernier sigle en vigueur n'est désormais plus le classique LGBT, mais LGBTQQIP2SAA+[2]... «La posture théorique de Butler trouve ainsi son accomplissement dans une surenchère toujours plus vertigineuse et absconse et dont le seul objectif est de passer au crible toute référence à une réalité objective», écrit Séverine Denieul[3].

La déconnexion entre sexe et genre va à présent très loin : en Caroline du Nord, par exemple, on n'enseigne plus à la faculté de médecine que les organes et les cellules appartiennent à des genres spécifiques. Dire qu'«un pénis est un organe masculin» serait discriminant. «Les mots et les choses», comme l'exprimerait le philosophe Michel Foucault, sont désormais totalement déconnectés.

---

1. Séverine Denieul, «L'offensive des *gender studies* : réflexions sur la question *queer*», dans «La French Theory et ses avatars», *L'Autre Côté*, n° 1, septembre 2009.
2. Lesbiennes, gays, bisexuels, trans, queers, en questionnement, intersexes, pansexuels, LGBT bispirituels, asexuels, alliés...
3. Séverine Denieul, *op. cit.*

Quand la peur gouverne tout

Selon Éric Marty – écrivain, éditeur et professeur de littérature contemporaine à l'université Paris VII, «la théorie du genre a pris le relais, après le marxisme ou les Lumières, des grands messages émancipateurs que l'Occident s'est donné pour mission d'envoyer au monde. C'est un discours extraordinairement efficace, explique-t-il, car, contrairement à la lutte des classes, il peut trouver un écho en chaque individu. Le discours des *genders* parle immédiatement à chacun et transmet sur un mode planétaire le message du *self making*, de la construction de soi, de la valorisation de soi[1].» Judith Butler est avec cette approche devenue la bête noire de la droite conservatrice d'un côté, et la référence incontournable des progressistes de l'autre. Mais qu'en est-il exactement de cette nouvelle «théorie du genre»?

Malaise dans la sexuation

C'est une philosophe de renom qui a forgé cette expression particulièrement appropriée : «Malaise dans la sexuation», en clin d'œil au livre *Malaise dans la civilisation* de Freud. Sabine Prokhoris est également une psychanalyste très attentive aux questions de genre et de sexualité dans sa pratique quotidienne avec ses patients. Elle accompagne depuis de longues années des personnes en questionnement, dont le sexe anatomique ne correspond pas au sentiment d'identité sexué

---

1. Éric Marty, «La théorie du genre a envahi toutes les sphères de la vie sociale», propos recueillis par Eugénie Bastié, *Le Figaro*, 9 juillet 2021.

ou genré. Pour certaines personnes, l'évolution requiert une intervention chirurgicale, pour d'autres, non. En France, la loi permet en effet de changer d'état civil sans passer par la chirurgie. Pour la psychanalyste, le rapport entre sexe et genre ne va pas de soi. Les évolutions sociétales précèdent souvent les évolutions légales, comme avec le mariage pour tous. Il faut en effet rappeler que, jusqu'en 1965, une femme mariée en France n'avait pas le droit d'avoir un compte en banque à son nom ; elle n'avait pas non plus le droit de travailler sans l'autorisation de son mari. L'autorité était paternelle, et non parentale. Bref, les luttes féministes, puis homosexuelles, ont réussi à faire bouger les choses. Les premiers travaux de Sabine Prokhoris critiquaient le « conservatisme genré » des psychanalystes, leurs rappels à l'ordre symbolique, la place du père, la place de la mère... Pour elle, cela ne marche pas comme cela, et la psychanalyse est trop engoncée dans un carcan lacanien extrêmement conservateur sur certaines questions[1].

La philosophe, fine connaisseuse de Freud et Lacan, ne pouvait donc qu'être intéressée par les travaux de Judith Butler, qu'elle avait lus rapidement après leur parution. Certains développements lui parlaient, d'autres la laissaient parfois perplexe. Au lendemain des attentats du 13 novembre 2015, Judith Butler écrit une tribune, qui est traduite et paraît dans le quotidien *Libération*

---

1. Selon la théorie psychanalytique lacanienne, les femmes souffriraient de l'absence de pénis. La domination masculine est ainsi posée comme vérité des lois de l'inconscient. Le féminisme pense au contraire que la domination masculine est une construction sociale.

quelques jours plus tard[1]. La philosophe américaine était à deux pas des terrasses touchées. En lisant ce texte, Sabine Prokhoris se demande ce qui ne tourne pas rond. Comment, en effet, une aussi grande philosophe pouvait-elle écrire un texte d'un niveau aussi faible par rapport à ses ouvrages ? Ce fut le point de départ d'une relecture attentive de ses livres[2]. « Avons-nous vraiment affaire à une pensée ? se demande la psychanalyste, ou à un discours en réalité surfait, remarquablement efficace, mais dénué d'une quelconque consistance intellectuelle ? » Par ailleurs, pourquoi tant de fans de Judith Butler crient-ils au parjure dès que son œuvre est critiquée ? Sa « pensée » ne pourrait-elle pas, comme toute autre pensée digne de ce nom, être soumise à la critique et au différend théorique ? L'adhésion à cette nouvelle théorie relève-t-elle seulement du domaine de la croyance ou bien est-elle une réelle analyse réflexive ?

En poursuivant son travail, Sabine Prokhoris s'aperçoit que cette tribune ne constitue en rien un accident de parcours, mais « qu'elle s'inscrit au contraire dans la logique de ses textes ». Des textes caractérisés, selon la chercheuse, par « l'inintelligibilité et la complication maximales, le tout bardé d'un habillage "conceptuel" le plus intimidant possible comme preuve de la puissance critique ». Et elle utilise l'ironie en rapprochant la théorie de Judith Butler des propos du Devin Plombier dans

---

1. Judith Butler, « Une liberté attaquée par l'ennemi et restreinte par l'État », *Libération*, 19 novembre 2015. https://www.liberation.fr/france/2015/11/19/une-liberte-attaquee-par-l-ennemi-et-restreinte-par-l-etat_1414769/

2. Sabine Prokhoris, *Au bon plaisir des « docteurs graves » : à propos de Judith Butler*, Paris, PUF, 2017.

Le sexe des anges

les Shadoks : « Je dis des choses tellement intelligentes que le plus souvent je ne comprends pas ce que je dis. » D'ailleurs, ce style confus avait valu à la papesse de la théorie du genre le premier prix du concours annuel de « mauvais style » sponsorisé par la revue *Philosophy and Literature* en 1998.

Et cependant, quelques éléments d'analyse ressortent. En particulier, le fait que le genre (masculin ou féminin) serait une production du langage, du *logos* occidental. Pour Judith Butler, il s'agit (selon la version de Guillaume le Blanc[1]) de « reconnaître l'assujettissement comme un processus intégral de formation de "soi" engendré par la subordination à un pouvoir ». En clair, l'identité de genre serait la production d'un cadre hétéronormé obligatoire qui s'imposerait à un sujet. En même temps, le cadre hétérosexuel, vu comme la norme, serait aussi produit par l'identité de genre. Bref, elle tourne en rond, en confondant subjectivation (le fait de devenir un sujet) et sujétion (le fait d'être soumis à une autorité), explique Sabine Prokhoris. « Tout se passe comme si la langue elle-même, telle Athéna sortie tout armée de la tête de Zeus, existait "en soi", expression des décrets inflexibles du Pouvoir et sorte d'entité édictant la Norme. » Or, une telle proposition est tout simplement fausse. Comme l'explique le philosophe Georges Canguilhem (cité par S. Prokhoris), la norme est un processus régulateur en perpétuelle modification. On ne cesse, dans nos démocraties, de transformer nos propres

---

[1]. Guillaume le Blanc, Fabienne Brugère, *Judith Butler : trouble dans le sujet, trouble dans les normes*, Paris, PUF, 2009.

normes. Le mariage pour tous en est une preuve éclatante. En 1980, personne n'aurait misé un kopeck sur le fait que deux personnes du même sexe puissent un jour être unies par le lien juridique du mariage, ce qui est désormais largement accepté en France. Par ailleurs, la langue elle-même n'est pas une instance transcendante, mais elle est sans arrêt réinterprétée par l'usage qu'on en fait. Elle est aussi loin d'être figée.

Le raisonnement de la «papesse» de la théorie du genre, qui ouvre la porte à des identités de genre infinies, se transforme ensuite en critique du féminisme universaliste, qui ne serait que «blanc». Judith Butler prend comme seul et unique responsable de l'oppression genrée le *logos* occidental. Et ce présupposé conceptuel l'emmène dans une impasse réelle. Dans son ouvrage *Vie précaire*[1], elle explique ainsi que c'est un préjugé occidental blanc que de considérer qu'une femme en Afghanistan qui porte la *burqa* doit l'enlever. Si elle la porte, c'est un signe de modestie. «Comme si, s'insurge Sabine Prokhoris, les femmes elles-mêmes là-bas n'avaient pas envie de sortir de cette oppression patriarcale et que si elles enlevaient leur *burqa*, elles étaient complices du préjugé occidental blanc. Au fond, si on pense qu'elles ont le droit, Judith Butler nous dit qu'on est pour George Bush.» Judith Butler reprend ainsi l'antienne foucaldienne éculée «L'islam n'a pas le même régime de vérité que nous» pour pratiquer un relativisme intégral. On comprend mieux ainsi comment tant de néoféministes

---

1. Judith Butler, *Vie précaire*, traduit de l'anglais (américain) par Jérôme Rosanvallon et Jérôme Vidal, Paris, Éditions Amsterdam, 2005.

Le sexe des anges

biberonnées à la théorie du genre envisagent la révolte iranienne qui se déroule depuis 2022[1], ou plutôt ne veulent pas l'envisager.

«Derrière le rideau de fumée de la théorie de Butler sur le "genre", écrit Séverine Denieul[2], et en dépit des multiples précautions oratoires qui parsèment son discours, on ne peut s'empêcher de voir une posture idéologique de type communautariste. Cette théorie cache en réalité un communautarisme pur et dur.» De sa déduction de l'imposition du genre par le «*logos* occidental blanc», la philosophe américaine en déduit en effet l'existence de minorités de genre, et la nécessité d'une alliance des minorités en général, dont le point commun est d'être toutes opprimées par l'«impérialisme blanc». La convergence se fera en particulier entre les «musulmans» et les LGBT. Sauf qu'à un certain stade la théorie du genre va se heurter au mur du réel et de la logique. Ceux qui se réclament de la religion musulmane comptent aussi des conservateurs, qui ne vont pas forcément accepter le mariage pour tous ou l'homosexualité, sans même parler des intégristes islamistes. Judith Butler s'est-elle interrogée un seul instant sur ce qu'elle

---

1. Depuis septembre 2022, la mort de Mahsa Amini, une jeune Iranienne tuée dans les geôles du régime après avoir été arrêtée parce qu'elle portait mal son voile, a provoqué un vent de révolte dans la population iranienne. Les femmes, en particulier, ont fait du non-port du voile l'emblème de leur protestation contre l'oppression politique et religieuse. La répression du régime des mollahs a provoqué la mort de 844 personnes, dont au moins 307 ont été exécutées au moment où nous écrivons ces lignes (juin 2023). En France, bon nombre de néoféministes dénoncent une prétendue «instrumentalisation» des critiques du régime iranien, les décrivant comme «islamophobes», et prônent le «libre choix» du port du voile.
2. Séverine Denieul, *op. cit.*

deviendrait en tant qu'Américaine, femme, juive, lesbienne, si elle se baladait dans les rues de Gaza, de Téhéran, de Peshawar, ou d'Idlib ? S'est-elle demandé si elle pourrait expliquer sa théorie du genre à des militants du Hamas ou du Hezbollah, puisqu'elle les a qualifiés de progressistes[1] ?

L'alliance rhétorique avec les islamistes

Le soir du 13 novembre 2015, la grande philosophe Judith Butler était donc attablée à quelques encablures des terrasses visées par les terroristes. Elle passe la journée du lendemain à regarder la télévision française, et à rédiger un texte qui sera publié aux États-Unis dans la foulée sur le site de l'éditeur Verso Books, qui l'a supprimé depuis. Trois jours plus tard, il est traduit par le journal *Libération* en France, où il est toujours disponible[2]. Marie Docher et Odile Fillod, deux militantes féministes, l'ont décortiqué pour en faire ressortir les contrevérités qui s'accumulent, et qui finissent par dessiner une rhétorique qui n'a rien à envier à celle de Tariq Ramadan[3]. Dans sa *Letter from Paris*, Judith Butler parle de manière très vague des débats qui ont

---

1. Tribune de Michael Walzer, «Cette gauche qui n'ose pas critiquer l'islam», *Le Monde*, 8 mai 2015.
2. Tribune de Judith Butler, «Une liberté attaquée par l'ennemi et restreinte par l'État», *op. cit.*
3. Marie Docher et Odile Fillod, «Judith Butler ou l'impasse du Bataclan», Paris, 6 décembre 2015. Leur critique est accessible ici : https://vdocuments.site/download/blog-les-mots-sont-tres-les-mots-sont-tres-importants-judith-butler-a-paris.html

Le sexe des anges

lieu à la télévision française et qui concernent tous (sans distinction) la «lutte contre l'islam». Sur quelle chaîne, où et quand, nous n'en aurons aucune idée. Ces propos, distillés à l'étranger et en anglais, relèvent non seulement du mensonge, mais peuvent, expliquent Marie Docher et Odile Fillod, avoir de graves conséquences contre la France. Elle laisse ensuite entendre que dans le discours public, en France, «la différence entre musulman, djihadiste et EIIL[1] se brouille». Une généralité contraire à la réalité. Mais Judith Butler ne s'en tient pas à ces contrevérités. Elle va jusqu'à douter que la revendication de l'État islamique soit réelle, sous-entendant que le communiqué attribué à l'EI est un faux : «Je me demande comment ils connaissent le terme "perversité". On dirait qu'ils ont des lectures étrangères à leur domaine de spécialité.» Des propos tout simplement complotistes, qui révèlent une méconnaissance crasse de l'idéologie de l'islam radical.

Marc Trévidic, juge antiterroriste, l'a répété lors de son intervention à la barre du procès V13. Selon lui, les djihadistes se présentent comme les seuls vrais défenseurs d'un islam opprimé par l'Occident : «C'est ce qu'on entend sans arrêt lors des auditions. Ils évoquent les guerres d'Irak, le conflit israélo-palestinien, et sélectionnent les arguments pour légitimer leur action.» Des arguments que leur sert sur un plateau la papesse de la théorie du genre, avec son discours alambiqué. Sur les réseaux sociaux, imitant la graphie «Je suis Charlie», on a vu ainsi fleurir le slogan «Vos guerres, nos morts».

---

1. EIIL : État islamique en Irak et au Levant.

Un «prêt-à-penser» qui évitera de se plonger dans la compréhension d'une réalité un peu plus complexe.

La philosophe américaine continue de raconter «sa» soirée : parmi les «pouvoirs spéciaux accordés à la puissance souveraine au titre de l'état d'urgence», il y aurait eu la «possibilité offerte à tous de se faire raccompagner chez soi gratuitement en taxi hier soir ou l'ouverture des hôpitaux gratuitement à toutes les personnes touchées [*sic*]». L'histoire des taxis est tout simplement fausse, bien que quelques taxis aient de leur propre initiative raccompagné des victimes chez elles. Quant à celle des hôpitaux, les bras nous en tombent. Semblant tout ignorer du système de santé français, Judith Butler sous-entend par cette phrase que les citoyens de ce pays adhéreraient à l'état d'urgence par pure cupidité, pour bénéficier de soins gratuits. C'est faire preuve d'un mépris à peine masqué. Et les énormités s'enchaînent : «Il n'y a pas de couvre-feu, mais les services publics sont réduits au minimum et aucune manifestation n'est autorisée.» Judith Butler a beau regarder la télévision en écrivant son texte, elle ne semble pas être au courant qu'un commando, comprenant Abdelhamid Abaaoud, le chef opérationnel des attentats, est encore dans la nature, préparant sans doute une autre attaque, d'où la fermeture des lieux publics culturels, et certainement pas des services publics. Dire que l'État suspend la liberté de réunion est là encore faux : l'état d'urgence en donne la possibilité, lorsque des manifestations sont susceptibles de troubler l'ordre public. Si les manifestations étaient toutes interdites en France, cela se saurait, à moins de vivre dans une réalité parallèle. Marie Docher et Odile

Le sexe des anges

Fillod, militantes de gauche qui avouent s'être brouillées avec de nombreux amis après ces critiques, concluent : « Cet activisme muselle la parole de tous ceux qui, à gauche, disent depuis des années que l'islamisme radical est une bombe à retardement à la puissance grandissante. Les mères de famille de banlieue n'ont pas été entendues, les Maghrébins, vivant ou non en France, intellectuels, artistes, étudiants, activistes qui tirent cette sonnette d'alarme sont traités de traîtres ou de larbins, et les autres, comme nous, de racistes et d'islamophobes. »

Comme l'explique l'écrivain américain Michael Walzer, « de nombreux auteurs de gauche insistent pour dire que la cause du fanatisme religieux n'est pas la religion, mais l'impérialisme occidental, l'oppression et la pauvreté. On trouve aussi des gens pour croire que le fanatisme islamique n'est pas le produit de l'impérialisme occidental, mais une forme de résistance à son égard. Quels que soient les groupes qu'il attire à lui dans les faits, il constituerait une idéologie des opprimés – une variante, quoiqu'un peu étrange, d'une politique de gauche [...]. La philosophe américaine Judith Butler commet la même erreur[1]. »

On le voit, ce discours de l'idole des tenants de la théorie du genre, comme plus largement celui de nombreux adeptes du mouvement woke, assume la convergence avec l'islam fondamentaliste, ramassant dans un même sac personnes d'origine étrangère, musulmans, religieux intégristes et djihadistes. Tout en n'ayant qu'une seule expression à la bouche : « Pas d'amalgame ! »

---

1. Michael Walzer, *op. cit.*

Quand la peur gouverne tout

Bataille entre l'alcôve et la mosquée

C'est un imam amoureux de l'islam, et en même temps amoureux d'un homme : son mari. Ludovic-Mohamed Zahed, quarante-cinq ans, a fondé il y a une quinzaine d'années la première mosquée inclusive d'Europe, à Paris. Il officie désormais à Marseille, où il reçoit des musulmans qui sont parfois en rupture de ban avec leur famille, comme Adjar, une jolie jeune femme qui vit en France depuis l'âge de dix ans, et qui n'a pas voulu choisir entre sa foi et sa liberté lorsqu'elle a divorcé d'un mari qui la violait, contre l'avis d'une mère qui lui disait : « C'est ton mari, dans la religion il a le droit. » Elle explique le plus simplement du monde : « Ce combat-là, ce n'est pas qu'on se sent obligé de s'y impliquer, c'est qu'il s'impose à nous. Donc on n'a pas vraiment le choix. » Ludovic-Mohamed Zahed s'engage aux côtés des migrants qui ont fui leur pays où ils étaient persécutés en tant qu'homosexuels, comme Moussa, un géant malien qui confie à une caméra d'Arte[1] : « Étant homosexuel musulman, dans les pays d'Afrique, ce n'est pas facile à vivre. Il y a tout qui condamne là-bas : la société, la tradition, la culture, la religion et la famille. Moi je suis parti parce que j'aimerais vivre librement. Sans avoir de menace, sans être tabassé, sans aller en prison, sans être condamné à mort. » Il y a quelques années, une *fatwa* a été émise contre Ludovic-Mohamed Zahed, provenant de l'université d'al-Azhar, au Caire,

---

[1]. Olivier Ponthus, Daham al-Assad, « France : imam et gay », Yemaya Productions, Arte reportage, 21 février 2022.

Le sexe des anges

précisant que le jeune homme n'était en aucune façon musulman. Une accusation d'apostasie qui, venant d'une instance officielle, peut signifier une condamnation à mort. Plus récemment, en octobre 2022, le centre islamique al-Forqane à Bruxelles a relayé une campagne britannique visant à le discréditer[1]. Ce qui ne décourage pas l'imam : « Ce cancer fascisant patriarcal qui abreuve notre jeunesse depuis des générations des deux côtés de la Méditerranée, il va bien falloir y répondre. Et juste avec des bonnes intentions et des vœux pieux, ça ne marchera pas. » Mais Zahed le reconnaît, il est bien seul : « Nos moyens sont limités, on n'est pas l'Arabie saoudite qui a des millions de pétrodollars à mettre dans la formation de leurs imams qui ensuite dispensent leurs savoirs wahhabites à travers le monde, avec des corans traduits dans toutes les langues. Ça, c'est quelque chose qu'on n'a pas encore mis en place », ajoute-t-il dans un éclat de rire.

Cette « partie de cache-cache entre Éros et Allah », selon Martine Gozlan[2], est au cœur du raidissement du monde musulman. Et les thuriféraires de la théorie du genre, en ne voulant pas voir le problème, y contribuent. On est désormais loin de la sensualité des *Mille et Une Nuits*, ces fabuleuses histoires qui se déroulent entre Le Caire et Bagdad et dont les personnages sont presque exclusivement musulmans. En 2010, une plainte a été déposée par des avocats islamistes en Égypte pour censurer ces contes, jugés immoraux. Une version avait déjà

---

1. https://www.centre-al-forqane.be/indignation-alors-que-limam-gay-francais-a-declare-que-le-coran-ninterdit-pas-lhomosexualite
2. Martine Gozlan, *Le Sexe d'Allah*, Paris, Grasset, 2004.

été interdite en 1980. Les contes des *Mille et Une Nuits* jugés islamophobes et pornographiques par les fanatiques... Ce sont les mêmes adjectifs qui avaient été employés pour les dessins de *Charlie Hebdo*. Wokisme et islamisme ont ceci en commun qu'ils opèrent tous deux une désincarnation de la chair, par des militants également enthousiastes et sectaires, qui auront une vision gnostique d'un corps qui n'existe plus, ainsi qu'une ambition universelle d'imposer cette vision. Comble de l'aveuglement, les témoignages sur les LGBTphobies et la montée de l'homophobie – en «inquiétante hausse» en 2022 selon le rapport de l'association SOS Homophobie en France par exemple –, ne seront jamais reliés, pour ne pas «stigmatiser», à la montée de l'islamisme. Certains sportifs refusent de s'associer à des campagnes de lutte contre l'homophobie ? Des joueurs de football se font porter pâle plutôt que de porter un maillot aux couleurs arc-en-ciel lors d'un match ? L'un des coaches y verra un problème de calendrier, appelant à trouver une autre date pour ne pas léser les équipes privées de leurs joueurs aux «convictions personnelles» anti-LGBT. Mais la vraie raison, un refus motivé par des convictions religieuses, ne sera jamais mise en avant par les associations, écartelées entre leur tolérance envers la «liberté de croyance» et leur condamnation de l'homophobie. Encore une fois, l'intersectionnalité privilégiera la défense d'une «minorité musulmane opprimée» à celle des homosexuels.

«La sexualité en islam est toujours le porte-drapeau des intégristes, écrit Martine Gozlan[1]. De là, l'interdiction du

---

1. Martine Gozlan, *ibid.*

Le sexe des anges

hammam par al-Qaradawi.» L'islam sensuel a été transformé par les bigots en pudibonderie haineuse qui atteint tous les sens. Est devenue illicite la vue des formes féminines tentatrices, puis l'odorat, pour le prédicateur phare d'Al Jazeera qui cite cet *hadith* : «Quand la femme se parfume et passe là où s'assoient les hommes, c'est une fornicatrice[1].» Il s'attaque aussi au toucher, avec l'interdit sur la soie. Et à l'ouïe, avec les interdits concernant la musique – sauf les *anachids*, les chants religieux ; toujours pour «ne pas exciter l'instinct sexuel». «Quand l'homme se féminise et que la femme se virilise, c'est le signe du chaos et de la dégradation des mœurs[2].» Et al-Qaradawi énumère les différentes manières de punir les dépravés : «Est-ce que deux partenaires reçoivent le châtiment du fornicateur ? Est-ce que l'on tue l'actif et le passif ? Par quel moyen les tuer ? Est-ce avec un sabre ou par le feu, ou en les jetant du haut d'un mur ?» L'Europe chrétienne avait mis la sexualité sous clé, c'est à présent au tour de l'islam de tourner le dos à sa tradition de vie et de chair, sous les coups de boutoir des intégristes, et avec la complicité des amis de Judith Butler. «Que reste-t-il des cinq sens ? Le goût, peut-être. Oui, au terme de ce dépouillement de l'être, dans ce monde inodore, incolore et assourdi, il reste le goût de la mort[3].»

---

1. Youssef al-Qaradawi, *Le Licite et l'illicite en islam*, traduit de l'arabe par Salaheddine Kechrid, Paris, al-Qalam, 2015.
2. *Ibid.*
3. Martine Gozlan, *op. cit.*

9

Un dommage collatéral : les juifs

> *L'entendement humain n'est pas une lumière froide,*
> *il est soumis à l'influence de la volonté et des émotions,*
> *ce qui engendre un savoir fantaisiste : l'homme croit*
> *de préférence ce qu'il désire être vrai*[1].

Le « privilège juif »

C'est une publicité dont l'université de Stanford se serait bien dispensée. Le prestigieux campus californien se veut exemplaire dans la mise en place des programmes DEI pour « diversité, équité et inclusion ». En juin 2021, après des semaines de dialogue infructueux, Ronald Albucher et Sheila Levin passent à l'action : ils déposent une plainte pour antisémitisme contre leur employeur. Une déflagration au sein de l'université. Que s'est-il donc passé pour en arriver là ?

---
1. Francis Bacon, *Novum Organum*, traduit de l'anglais (Royaume-Uni) par M. Malherbe et J.-M. Pousseur, Paris, PUF, 1986 (1620).

Quand la peur gouverne tout

Ronald Albucher est psychiatre dans les services de conseil et de santé du campus. Sheila Levin est spécialisée au sein de ce même organisme dans les désordres alimentaires et la santé mentale. Leur harcèlement, disent-ils, a commencé un an et demi plus tôt, avec la mise en place d'un programme hebdomadaire sur la diversité par leur employeur. Sommés de choisir un groupe racial pour assister à ces réunions sur la «responsabilité blanche» à destination des personnels qui possèdent un «privilège de par leur identité blanche», ils sont plus que mal à l'aise. Les responsables du programme incitent les participants, à travers la lecture du livre de Robin DiAngelo, *La Fragilité blanche*, à réfléchir sur la manière dont «les avantages que leur procure la blanchité interagissent avec leurs identités, leur travail et le monde[1]». Sheila Levin explique : «Mon peuple a été assassiné parce que nous étions vus comme des virus qui allaient contaminer la race blanche, donc m'entendre dire qu'il va falloir que je communie avec l'oppresseur, c'est me dire qu'il faut que je trahisse les miens. Je ne me sens pas d'affinité avec "l'identité blanche".» Mais le cas n'a pas été prévu par les programmes de diversité, pas plus que celui des personnes d'origine asiatique. Sheila Levin et Ronald Albucher s'entendent donc répondre qu'il est nécessaire qu'ils participent, et qu'ils se placent dans le groupe des Blancs. Leur avocat explique : «Le souci de ces dispositifs, c'est qu'ils ignorent ou qu'ils effacent l'identité juive[2].» De

---
1. «Charge statement pertaining to employment discrimination by Stanford University», The Louis D. Brandeis Center, 21 mai 2021.
2. Sabrina Deb, «CAPS counselors accuse University of antisemitic practices», *Stanford Daily*, 17 juin 2021.

Un dommage collatéral : les juifs

l'effacement de l'identité juive au déni concernant l'antisémitisme, il n'y a qu'un pas, qui sera vite franchi par les progressistes wokes sur le campus. Le problème en serait peut-être resté là à Stanford, si d'autres événements n'avaient pas eu lieu dans l'université. Le 16 mai 2020, en pleine épidémie de Covid, une session se déroule *via* la plateforme Zoom. Elle est parasitée par de nombreux messages anonymes à connotation antisémite et raciste : des croix gammées et le «mot en N[1]» sont bombardés sur le site pendant les discussions. Quatre jours plus tard, une nouvelle réunion commence. Les responsables du programme diversité déplorent fortement les incidents «racistes» qui ont eu lieu précédemment. Pas un mot, en revanche, n'est dit sur les incidents antisémites. À une question sur cette thématique posée par Ron Albucher, ils répondent que, «contrairement aux autres minorités, les juifs peuvent se cacher derrière leur identité blanche». Et les incidents continuent. Un mois plus tard, des croix gammées sont retrouvées dans la chapelle de Stanford, à l'entrée du campus, ainsi que sur plusieurs portes de chambres d'étudiants juifs dans les dortoirs. Et lorsque Ron Albucher a l'audace de demander une nouvelle fois que ces incidents soient abordés dans le cadre du séminaire suivant sur la diversité, le ton monte. Plusieurs participants s'énervent : «Concentrez-vous sur votre privilège blanc ! Il ne faut pas se focaliser sur les juifs, car ils sont riches, ils ont plein de commerces florissants.» Loin de modérer ces propos rameutant le ban

---

[1]. «Mot en N» : euphémisme servant à désigner le mot «nègre», jugé offensant. Voir l'article d'Hélène Jouan, «À l'université d'Ottawa, le mot qui ne doit jamais être prononcé», *Le Monde*, 30 octobre 2020.

et l'arrière-ban des clichés antisémites les plus éculés, le responsable du programme diversité enfonce le clou : « Ron Albucher fait preuve de racisme en voulant dévier du racisme anti-Noirs.» Quant à sa collègue, Sheila Levin, qui tente de maintenir le dialogue jusqu'au bout, elle en est pour ses frais : «En tant que juive, blanche, et femme cis [*sic*], vous avez un privilège et un pouvoir immenses. Il est important que vous compreniez comment vous faites partie de cette oppression raciste systémique qui se déroule dans notre pays», lui répond par mail le responsable du programme. La communication s'arrêtera là.

Lors de l'émergence du mouvement Black Lives Matter en 2013, beaucoup de juifs américains ont naturellement participé aux manifestations, ayant une vieille tradition de proximité avec les luttes civiques des années 1960. Lorsque le site internet britannique du mouvement accuse Israël de «génocide», des associations juives au Royaume-Uni expriment cependant leur «consternation[1]». En mars 2017, des flyers antisémites sont disséminés un peu partout sur le campus de l'Illinois à Chicago[2]. Leur contenu : un appel à la fin du «privilège juif», car «en finir avec le privilège blanc, explique le flyer, c'est d'abord en finir avec le privilège juif». Un schéma pyramidal est illustré avec quelques chiffres, dont celui-ci : «44 % des juifs américains sont dans le top 1 % des plus riches.» Des chiffres complotistes, sans aucun rapport avec la réalité. Des flyers du même acabit

---

1. Mazin Sidahmed, «Critics denounce Black Lives Matter platform accusing Israel of "genocide"», *The Guardian*, 11 août 2016.
2. Sam Charles, «Anti-semitic fliers found in UIC campus buildings», *Chicago Sun-Times*, 16 mars 2017.

Un dommage collatéral : les juifs

sont distribués à l'université du Colorado à Denver, à l'université du Kansas, à l'université de Northridge en Californie, ainsi qu'à Cap Canaveral en Floride, et même à la prestigieuse université de Princeton, comme le rapporte l'ADL (Anti-Defamation League), une ONG américaine de lutte contre le racisme et l'antisémitisme. Enfin, un autre document circule en ligne, à l'été 2020, postulant : « La fin du privilège blanc est à l'intersection [*sic*] avec la fin du privilège juif[1]. »

Le dimanche 12 juillet 2020, une campagne se répand sur Twitter sous le hashtag #jewishprivilege. Lancé par des robots provenant de l'extrême droite américaine, il est relayé par des comptes qui se réclament du progressisme[2]. Le lundi, dans l'après-midi, plus de cent vingt-deux mille messages le reprenant sont comptabilisés sur Twitter. L'écrivain Hen Mazzig remarque que les messages suprémacistes blancs « propagent des conspirations antisémites sur le fait que les juifs sont "privilégiés" – qu'[ils] contrôlent les médias, les banques et le monde ». Selon lui, « les utilisateurs progressistes se sont rapidement joints à la même conversation mais ont promu une idée différente – "que les juifs ne sont confrontés à aucune discrimination" et, en même temps, "sont responsables de la discrimination et d'autres maux auxquels de nombreuses minorités sont confrontées"[3]. » Il pousse ensuite la commu-

---

1. « Ending White Privilege intersects Ending Jewish Privilege » #Black LivesMatter #WeAreAllMuslim #WhitePrivilege, https://www.adl.org/resources/blog/internet-rumor-ties-antisemitic-fliers-black-lives-matter
2. Aaron Weil, « #Jewishprivilege: an ugly hastag unites the woke left and alt-right in their anti-Semitism », *Orlando Sentinel*, 18 juillet 2020.
3. Hen Mazzig, « How jewish Twitter users and celebrities took down a virtual anti-Semitic mob », NBC News, 15 juillet 2020.

nauté juive à reprendre le hashtag et à le détourner. Beaucoup de personnalités juives vont ainsi twitter leur «privilège» avec un certain humour noir[1]. «Il est ironique que la haine des juifs soit l'un des rares points communs entre la "gauche woke" et "l'alt-right" [l'ultra-droite]», écrit Aaron Weil, directeur de l'université Hillel en Floride[2].
En France, le même genre de campagne avait été lancé deux mois plus tôt sur Twitter sous le hashtag #sijetaisunjuif, avant d'être retiré par la plateforme pour «violation des règles de la société en matière de haine». Et les derniers chiffres du ministère de l'Intérieur demeurent préoccupants : en 2022, quatre cent trente-six actes antisémites ont été comptabilisés. Une baisse relative car en 2021, cinq cent quatre-vingt-neuf avaient été recensés[3]. 73 % des actes racistes portant atteinte à des personnes sont dirigés contre des juifs, alors qu'ils ne constituent que 1 % de la population totale. Les violences physiques ont augmenté de 36 % en un an. Comparativement, la communauté juive est de loin la première visée. Selon une étude de la Commission européenne, les publications antisémites ont été multipliées par sept en langue française et par treize en langue allemande entre 2020 et 2021[4]. Traditionnellement, l'antisémitisme est plus associé à l'extrémisme de droite qu'à l'extrémisme de gauche. Dans

---

1. Brooklyn Neustaeter, «"JewishPrivilege" hashtag trends on Twitter as users fight back against anti-Semitism», CTV News, 13 juillet 2020.
2. Aaron Weil, *op. cit.*
3. Source : ministère de l'Intérieur, disponible ici https://www.spcj.org/les-chiffres-de-l-antis%C3%A9mitisme-2022-a
4. Source : Commission européenne, disponible ici https://op.europa.eu/en/publication-detail/-/publication/d73c833f-c34c-11eb-a925-01aa75ed71a1/language-en

Un dommage collatéral : les juifs

les discours d'extrême droite, les juifs sont une menace pour l'identité nationale. Dans ceux d'extrême gauche, l'antisémitisme a plutôt tendance à être lié à la lutte contre le capitalisme, visant les complots du contrôle et de la domination des marchés financiers ; les juifs sont décrits comme l'oppresseur capitaliste ultime. Cette structure antisémite d'extrême gauche postule qu'«afin de libérer les gens du capitalisme, il est nécessaire de les libérer de la main juive se trouvant derrière le capitalisme[1]».

Cette nouvelle flambée d'antisémitisme, qui date du début des années 2000 en France et en Europe, a atteint de plein fouet les États-Unis avec la tuerie de la synagogue de Pittsburgh en 2018, et celle de Poway en Californie, les meurtres de Monsey près de New York, et de Jersey City, en 2019, les attaques à Brooklyn aux cris de «Les juifs, on va vous tuer, sortez d'ici», en 2022... Brooklyn, où la communauté juive s'était toujours sentie en sécurité depuis que ses premiers arrivants s'y étaient installés pour fuir les pogroms russes et biélorusses au début du XXe siècle. En 2020, 55 % des crimes de haine commis aux États-Unis l'ont été contre des juifs[2]. Or, contrairement aux attaques antimusulmanes ou au racisme anti-Noir, condamnés à juste titre, l'antisémitisme se retrouve dans l'angle mort, de fait, des nouveaux mouvements antiracistes, voire est parfois un corollaire de ces derniers.

---

1. «L'antisémitisme comme composante de la quasi-totalité des idéologies et discours extrémistes», *Radicalisation Awareness Network*, Commission européenne, 2022.
2. Source : FBI, disponible ici https://www.justice.gov/crs/highlights/2020-hate-crimes-statistics

Quand la peur gouverne tout

« *L'Holocauste ? Un crime de Blancs sur des Blancs* »

Selon David Bernstein, auteur d'un essai sur « l'antisémitisme woke » aux États-Unis[1], « l'idéologie woke n'est pas antisémite en soi. Mais identifier un groupe racial, lui attribuer des caractéristiques, attribuer ces caractéristiques à des humains à l'intérieur de ces groupes… et dire que leurs succès se font aux dépens d'autres humains… Dans la mesure où les juifs sont déjà vus comme des Blancs, nul besoin d'aller bien loin pour comprendre la perversité de ce raisonnement. » L'écrivain anglo-américain Andrew Sullivan ne s'y trompe pas, qui écrit que dénoncer la « blanchité » conduit naturellement à dénoncer les juifs. « Il suffit de remplacer le terme "Blanc" par celui de "juif", écrit-il, et cette forme de rhétorique démoniaque semble tout droit sortie d'un livre nazi[2]. » L'écrivain réagissait sur son blog aux propos de l'actrice américaine Whoopi Goldberg, qui avait déclaré au début de l'année 2022 que « la Shoah n'était pas liée à la race mais était un crime de Blancs sur des Blancs ». La chaîne ABC l'avait suspendue pendant quinze jours de son antenne. Mais l'actrice croyait sans doute bien dire, car moins d'un an plus tard, dans une interview au *Sunday Times* à Londres, elle affirmait à nouveau que « les nazis avaient assassiné non pas une race, mais des

---

1. David L. Bernstein, *Woke Antisemitism: how a progressive ideology harms jews*, préface de Natan Sharansky, New York, Wicked Son, 2022.
2. Andrew Sullivan, « The anti-semitism in anti-whiteness: Whoopi Goldberg just brought it out into the open », *The Weekly Dish*, 4 février 2022.

Un dommage collatéral : les juifs

personnes qui, à leurs yeux, étaient "défectueuses par nature"[1] ».

Pour beaucoup de progressistes, que ce soit outre-Atlantique ou en Europe, l'émergence de l'antisémitisme depuis les années 2000 est due au conflit israélo-palestinien. Le fait de diviser le monde entre des catégories raciales binaires d'oppresseurs et d'opprimés, il est vrai, n'aide pas beaucoup à exprimer la nuance. Les Palestiniens ont été depuis les années 1960 identifiés aux Noirs Américains, à travers le mouvement de Louis Farrakhan, Nation of Islam. Mais « cette même comparaison au niveau d'élus de premier plan du Parti démocrate est nouvelle », écrit Gerard Baker, rédacteur en chef au *Wall Street Journal*. « Il faut une grande flexibilité intellectuelle pour représenter les juifs, en particulier ceux qui vivent en Israël, comme les héritiers du suprémastisme blanc, mais les progressistes d'aujourd'hui sont habitués à une telle gymnastique. Tant que le discours pourra être adapté pour atteindre un objectif plus large, il le sera[2]. » Dans cette rhétorique, les juifs vont être ainsi dotés d'une mention spéciale : ils sont non seulement des Blancs, mais des hyper-Blancs[3]. En mai 2020, c'est donc en toute logique antiraciste que Gazi Kodzo, un influenceur radical noir sur les réseaux sociaux, décrit dans un tweet Anne Frank comme une

---

1. Janice Turner, « Whoopi Goldberg on being cancelled – and why she's still wild at 67 », *The Times*, 24 décembre 2022.
2. Gerard Baker, « The rise of woke anti-semitism: it's the oldest hatred, but its resurgence signals a wider disturbance in society's soul », *Wall Street Journal*, 24 mai 2021.
3. Pamela Paresky, « Critical race theory and the "hyper-white" jews », *Sapir*, vol. 1, 2021.

«Becky», c'est-à-dire un stéréotype de femme blanche qui s'appuie sur son... privilège. Il a depuis été suspendu de Twitter mais continue de répandre sa prose sur Facebook et YouTube. D'autres racontent de la même manière que les juifs étaient à l'origine de l'esclavage et tirent les ficelles du racisme aux États-Unis. Un mythe qui provient de l'extrême droite américaine, en particulier relayé par le Ku Klux Klan, et qui trouve son origine dans un pamphlet antisémite, *Le Juif international*, de Henry Ford[1], paru en 1920. Une thèse également défendue par Dieudonné en France.

Dans l'Hexagone, l'égérie intersectionnelle Rokhaya Diallo tient le même genre de discours se rapprochant du révisionnisme à propos de l'Holocauste. Elle écrit par exemple : «Selon les thèses nazies, les juifs étaient exclus de la blanchité, ils avaient été déchus de ce statut et c'est ce qui a rendu leur extermination acceptable aux yeux de racistes nazis.» Or, les juifs n'ont jamais été déchus d'aucun «statut blanc», mais du statut d'être humain et de citoyen. De plus, leur extermination n'a jamais eu à être rendue «acceptable» pour la simple et bonne raison qu'elle était au cœur du projet nazi.

Il n'est pas jusqu'à la spécificité de l'antisémitisme qui ne se retrouve niée, en mettant celui-ci sur le même plan que d'autres formes de racisme. En mai 2021, le chancelier de l'université de Rutgers, dans le New Jersey, publie un communiqué condamnant les «récents incidents antisémites», avant de se rétracter sous la pression, et de publier des excuses quelques jours plus tard

---

1. Henry Ford, *Le Juif international*, Paris, Hadès, 2017 (2020).

Un dommage collatéral : les juifs

en envoyant le message suivant : « Notre message a échoué à communiquer tout notre soutien aux membres palestiniens de notre communauté. Nous nous excusons sincèrement pour le mal que nous avons causé[1]. » Le mois suivant, April Powers, juive et noire, doit démissionner de son emploi de « cheffe de la diversité et de l'inclusion » dans une entreprise d'édition de livres pour enfants et reçoit des menaces de mort pour avoir publiquement condamné la hausse de l'antisémitisme[2]. Au même moment, sur Facebook, sous le nom Black Lives Matter, un dessin très clair est posté : on y voit un policier américain maintenant son genou sur un homme noir, embrassant un soldat israélien étouffant de la même manière un Palestinien. Nombre de représentants du mouvement antiraciste, des deux côtés de l'Atlantique, postent régulièrement des messages de soutien à la cause palestinienne. « À chaque fois, explique David Bernstein, les événements qui se déroulent au Proche-Orient ont un impact direct sur l'augmentation des faits de violence antisémites, que ce soit en Europe ou aux États-Unis. Le positionnement du mouvement antiraciste renforce l'antisémitisme, et cette violence contre les juifs ici est vue comme une forme légitime de contestation de ce qui se passe là-bas. »

---

1. Scott Jaschik, « Rutgers chancellor, not president, sorry for statement on anti-semitism », *Inside Higher Ed*, 31 mai 2021.
2. Anders Anglesey, « April Powers, ex-SCBWI diversity chief, sent death threats after condemning antisemitism », *Newsweek*, 7 juin 2021.

Quand la peur gouverne tout

L'antisémitisme clientéliste

Après la défaite du leader travailliste Jeremy Corbyn aux élections britanniques en 2020, le leader de gauche français Jean-Luc Mélenchon vole à son secours. Sur son blog, il explique qu'il a perdu, entre autres, parce qu'il a été accusé d'antisémitisme, et surtout parce qu'il a commis l'erreur de s'excuser. Et il ajoute : «En tout cas je n'y céderai jamais pour ma part. Retraite à points, Europe allemande et néolibérale, capitalisme vert, génuflexion devant les ukases arrogante [*sic*] des communautaristes du CRIF : c'est non[1].» Le journaliste Nicolas Poincaré livre son analyse : «Quels sont les mots qui choquent le plus dans cette phrase ? À peu près tous. D'abord le mélange des sujets. La retraite par points dans l'esprit de Mélenchon, c'est une attaque contre le peuple. L'Europe allemande, c'est l'Europe de l'argent, et il faut s'y opposer comme il faut s'opposer à l'arrogance du CRIF. Et ne pas faire de "génuflexion devant les oukases du CRIF". Oukase, ça veut dire "décret" en russe, mais dans le langage courant, c'est un ordre, une sommation. Et faire des génuflexions, c'est obéir, c'est montrer qu'on accepte la domination. En une seule phrase on a donc toute une série de clichés sur les juifs : leur arrogance, leur volonté de dominer le monde, leur contrôle sur l'Europe de l'argent, et leurs attaques contre le peuple en l'occurrence à travers la réforme des

---

[1]. Jean-Luc Mélenchon, «Corbyn : la synthèse mène au désastre», 13 décembre 2019. https://melenchon.fr/2019/12/13/corbyn-la-synthese-mene-au-desastre/

Un dommage collatéral : les juifs

retraites[1]. » Cette défense de Jeremy Corbyn est une constante dans le mouvement progressiste français. Or, le leader britannique n'est pas accusé d'antisémitisme sans raison : il a reçu Paul Eisen, le plus célèbre révisionniste antisémite revendiqué d'Angleterre, et pris la défense de Stephen Sizer, un pasteur ayant accusé les juifs d'être responsables du 11 septembre. « Dans son parti, rappelle Nicolas Poincaré, il a laissé se développer une branche de jeunes, le Momentum, qui s'en est pris personnellement à des personnalités juives du parti dans un climat détestable. »

En France, en Angleterre, ou aux USA, extrême gauche et extrême droite ont fini par se rejoindre dans un même antisémitisme. La députée démocrate américaine Ilhan Omar écrivait ainsi en 2012 : « Israël a hypnotisé le monde, qu'Allah réveille le monde et aide à voir les méfaits d'Israël[2]. » Le terme « hypnotisé » ne fait pas appel à la raison mais est un terme souvent utilisé par les complotistes. « L'idée qu'un groupe puisse être "hypnotisé" repose sur un mythe de ce qu'est l'hypnose », explique le psychologue Steven Jay Lynn à l'agence Associated Press[3]. C'est une reprise de l'ancestrale version du maléfique complot juif des *Protocoles*

---

1. Nicolas Poincaré, « Jean-Luc Mélenchon a-t-il tenu des propos antisémites ? », BFM-TV, 29 janvier 2020, accessible ici : https://rmc.bfmtv.com/actualites/societe/expliquez-nous-jean-luc-melenchon-a-t-il-tenu-des-propos-antisemites_AV-202001290443.html
2. Bari Weiss, « Ilhan Omar and the myth of jewish hypnosis », *The New York Times*, 21 janvier 2019.
3. Cité par l'Agence Science-Presse, un site québécois cinquantenaire dont le but est d'« aiguiser le sens critique face au flot d'informations fausses, erronées ou trompeuses qui circulent sur le Web et sur les réseaux sociaux », sur https://www.sciencepresse.qc.ca/

des Sages de Sion[1], qui circulait dans le Moscou du XIXᵉ siècle, puis dans la propagande nazie, et qui s'est répandue à présent dans les pays arabes. *Les Protocoles des Sages de Sion* sont d'ailleurs cités dans l'article 32 de la charte du Hamas, le mouvement islamiste palestinien[2]. Nulle condamnation des propos d'Ilhan Omar n'a été émise par le candidat aux primaires de gauche Bernie Sanders, aucune protestation non plus chez les démocrates...

Bari Weiss était rédactrice en chef au *New York Times*. Elle en a claqué la porte avec fracas en 2020, pour en dénoncer la dérive woke, qui selon elle nuit à «l'échange d'idées qui doit avoir lieu dans une société démocratique». «La vérité, écrit-elle dans sa lettre de démission, n'est plus un procédé de découverte collective mais est devenue une pensée orthodoxe de quelques personnes éveillées qui doivent porter la bonne parole aux autres.» Une idéologie qui va porter aux nues une députée issue de l'immigration, musulmane, voilée, même si elle tient des propos antisémites. «Le plus grand "juif", explique Bari Weiss[3], dans la diabolisation antisémite moderne, c'est

---

1. *Les Protocoles des Sages de Sion* est un texte inventé de toutes pièces par la police secrète du tsar et publié pour la première fois en Russie en 1903. Ce faux se présente comme un plan de conquête du monde par les juifs et les francs-maçons. Voir le livre de Norman Cohn, *Histoire d'un mythe, La «Conspiration» juive et les protocoles des Sages de Sion*, traduction de Léon Poliakov, Paris, Gallimard, 1967 ; rééd. «Folio histoire», 1992.

2. Traduction française de la «Charte du Mouvement de la résistance islamique – Palestine (Hamas)» publiée dans Jean-François Legrain, *Les Voix du soulèvement palestinien, 1987-1988*, Le Caire, Centre d'études et de documentation économique, juridique et sociale (CEDEJ), 1991.

3. Bari Weiss, *Que faire face à l'antisémitisme ?*, traduit de l'anglais (États-Unis) par Peggy Sastre, préface de Delphine Horvilleur, Paris, Robert Laffont, 2021.

Un dommage collatéral : les juifs

l'État juif, Israël. Entendons-nous bien, il est parfaitement légitime de critiquer ce que cet État devient, et les actions de son gouvernement – et je suis la première à le faire –, mais les critiques franchissent allègrement la ligne rouge de l'antisémitisme, en prêtant à Israël des pouvoirs diaboliques, presque supernaturels ; ces allégations reproduisent les thèses complotistes les plus classiques.» Des discours qui rappellent à Natan Sharansky, ancien refuznik soviétique ayant fait neuf ans de goulag, ceux de l'URSS des années 1980 : «J'ai grandi en Union soviétique, forcé d'apprendre au lycée et à l'université un dogme qu'on devait répéter à la moindre occasion», écrit-il dans la préface du livre de David Bernstein[1]. «Cette idéologie, c'était de dire que toute l'histoire du monde se résumait à un combat entre les privilégiés et ceux qui ne l'étaient pas, les possédants et les dominés. Cette idéologie nous disait que les gens de bonne volonté devaient combattre ensemble aux côtés du prolétariat contre les capitalistes. Partout, les juifs étaient pris comme des boucs émissaires, l'URSS déclamait sa rhétorique contre Israël. Une rhétorique soviétique qui avait comme adversaire cet "agent de l'Amérique", l'État sioniste et impérialiste d'Israël. Après la chute de l'Union soviétique, j'étais convaincu que cette idéologie haineuse et antisémite tomberait dans les limbes de l'histoire. Force est de constater qu'elle revient à présent sous une forme nouvelle, au nom de la "justice sociale".» La vulgate antisémite est réapparue sans choquer personne au nom de la convergence des nouveaux mouvements antiracistes avec les «dominés», dont font

---

1. David L. Bernstein, *op. cit.*

partie, selon ces progressistes, les musulmans. Et l'emblème de la domination, ce sont à présent les Palestiniens. La convergence sur l'antisémitisme pourra même se faire avec différents courants islamistes, dont c'est le principal ciment. Les nouveaux soutiens des Palestiniens ont d'ailleurs affaibli, par leur radicalisme, la direction palestinienne de l'OLP et les partisans des accords d'Oslo. Arafat lui-même, invité à s'exprimer à l'université de Khartoum en 1994, a été conspué par des étudiants islamistes, et accusé d'être « un ennemi de Dieu »[1]. L'antisémitisme islamiste, ainsi justifié par le wokisme, tombera là aussi dans l'angle mort des progressistes.

« Il n'y a pas de dialogue entre nous et les juifs, hormis par le sabre et le fusil[2] »

Nul besoin d'être devin pour constater que l'antisémitisme est un carburant commun des mouvements islamistes. Ceux-ci sont traversés par des conflits et des divergences, mais la haine des juifs est une constante dans tous les récits fondamentalistes, sans exception. En faisant la courbette aux forces les plus conservatrices à l'œuvre dans le monde musulman, sous couvert de lutte antiraciste, le mouvement woke participe, de fait, à la montée décomplexée de l'antisémitisme dans nos démocraties.

Günther Jikeli, professeur à l'université Bloomington dans l'Indiana, a interrogé pendant trois ans des jeunes

---

1. Marwan Kanafani, *Les années d'espoir*, Dar al-Shurouk, le Caire, 2008.
2. Youssef al-Qaradawi, *Le Licite et l'illicite en islam*, *op. cit.*

Un dommage collatéral : les juifs

musulmans en France, en Allemagne et en Angleterre. Selon lui, la haine des juifs n'est pas propre aux musulmans, évidemment, mais elle s'est particulièrement répandue chez les Français de cette confession. «Depuis l'année 2000, écrit-il, le nombre des agresseurs issus du monde arabo-musulman surpasse celui des agresseurs de l'extrême droite[1].» Au Royaume-Uni également, les actes antisémites sont en hausse dans les années 2016 et 2017, et «20 à 30 % des auteurs de ces actes sont musulmans, alors que les musulmans ne représentent que 5 % de la population», selon les chiffres du Community Security Trust cités par le chercheur. Des chiffres confirmés par une autre étude de 2012, réalisée en interrogeant 5 847 juifs dans huit pays européens[2]. «Y a-t-il une différence entre l'antisémitisme des non-musulmans et celui des musulmans?» s'est demandé le chercheur[3]. La réponse est claire : tous les sondages qui font la distinction entre musulmans et non-musulmans (plus de dix-huit sondages en Europe dans dix pays, effectués parmi plus de cinquante mille personnes dont plus de quinze mille musulmans) montrent un taux plus élevé d'antisémitisme parmi les musulmans, quels que soient par ailleurs le niveau d'éducation, la situation économique, le fait d'être ou non immigré. Il n'est pas question d'affirmer ici que tous les

---

1. Günther Jikeli, «Les jeunes musulmans et la haine des juifs», dans Joëlle Allouche-Benayoun, Paul Zawadzki, Claudine Attias-Donfut (dir.), *L'Antisémitisme contemporain en France : rémanences ou émergences?*, Paris, Hermann, 2022.
2. European Union Agency for Fundamental Rights, *Discrimination and Hate Crimes against Jews in EU Members States: Experiences and Perceptions of Antisemitism*, 2013.
3. Günther Jikeli, *op. cit.*

musulmans sont antisémites, bien entendu. Beaucoup n'ont aucune inimitié envers les juifs, et une minorité condamne clairement cette xénophobie. C'est ce qui ressort des nombreux entretiens et sondages analysés par Günther Jikeli[1]. Mais le niveau d'antisémitisme est clairement corrélé à la religiosité et à la pratique religieuse. Plus la pratique est conservatrice et fondamentaliste, plus le niveau d'antisémitisme monte. « Les références directes au Coran ou à la croyance selon laquelle les auteurs d'attentats suicides vont au paradis pour avoir tué des juifs sont clairement enracinées dans certaines visions de l'islam[2]. »

Et cette haine a une histoire. Dans le Coran, on trouve divers récits de batailles entre musulmans et juifs, qui sont désormais généralisés et pris hors contexte par la vulgate intégriste. Ainsi, un conflit spécifique du VIIe siècle deviendra une guerre intemporelle entre les « musulmans » et les « juifs ». En 1950, Sayyid Qutb[3], l'idéologue de référence des mouvements islamistes, publie *Notre combat contre les juifs*, dans lequel il écrit qu'« Allah [...] a envoyé Hitler pour les éliminer », et qu'aujourd'hui les juifs « ont pris la forme d'Israël ». Il se situe dans la droite ligne du grand *mufti* de Jérusalem, Mohammed Amin al-Husseini, qui pendant la Seconde Guerre mondiale s'était allié avec l'Allemagne nazie, au nom de la lutte contre les Britanniques, choix qu'il a assumé jusqu'à sa mort en 1974. Matthias Küntzel, professeur de sciences

---
1. *Ibid.*
2. *Ibid.*
3. Sayyid Qutb est l'idéologue de référence des mouvements islamistes. Voir Olivier Carré, « L'islam de Sayyid Qutb : un combat total contre un adversaire à la fois juif, chrétien, athée », propos recueillis par Youness Bousenna, *Le Monde*, 9 janvier 2022.

Un dommage collatéral : les juifs

politiques à l'université de Hambourg, retrace dans son ouvrage, *Jihad et haine des juifs*[1], les sources de cet antisémitisme croissant. Pour lui, la haine des juifs est constitutive du fondamentalisme islamiste. Le mufti de Jérusalem n'a quitté Berlin qu'à la toute fin du régime nazi et a reconnu lui-même que «seuls des fonds allemands ont permis de maintenir le soulèvement en Palestine. Dès le début, ils avaient adressé d'importantes demandes financières que les nazis ont dans une grande mesure satisfaites[2].» De l'antisionisme opportuniste du Mufti, on est passé à un antisémitisme sans complexe s'alimentant à toutes les sources. Ainsi, au procès de Hambourg des complices des kamikazes du 11 septembre, Shahid Nickels, qui a fait partie du noyau central du groupe de Mohammed Atta entre 1997 et 2000, décrit sa *Weltanschauung* («vision du monde») : «Elle était basée sur un monde national-socialiste. Il était convaincu que "les juifs" étaient déterminés à dominer le monde. Il considérait la ville de New York comme le centre de la juiverie mondiale qui, à ses yeux, était l'ennemi numéro un[3].» Et d'ajouter : «Je n'en pouvais plus de l'entendre parler de la culpabilité des juifs.» Citons de la même manière Oussama Ben Laden, dans sa «lettre aux Américains» : «Les juifs ont pris le contrôle de votre économie sous toutes ses formes et apparences, et grâce à cela ils ont la main sur vos médias, ce qui leur permet de

---

[1]. Matthias Küntzel, *Jihad et haine des juifs*, traduit de l'anglais par Cécile Brahy, Paris, Éditions du Toucan, 2015 [2002].
[2]. Klaus Gensicke, *The Mufti of Jerusalem and the Nazis: the Berlin Years*, Portland, Vallentine Mitchell, 2015 (1988).
[3]. Andrej Reisin, «Der neue Antisemitismus: Eine globale Gefahr?», *Tagesschau*, 24 août 2010.

modeler tous les aspects de votre vie, faisant de vous leurs domestiques et atteignant ainsi leurs buts à vos dépens[1]. »

Bassam Tibi est un islamologue syrien qui a émigré aux États-Unis. Il a longtemps observé le monde arabo-musulman et affirme que les écrits de Sayyid Qutb, l'idéologue des Frères musulmans, y sont aussi répandus que le « *Manifeste du parti communiste* au début du mouvement socialiste en Europe ». Il exprime également sa surprise face aux arguments des progressistes européens concernant « l'antisionisme », qui serait « différent de l'antisémitisme » : « Ni [Sayyid] Qutb ni le Hamas ne font la distinction entre judaïsme et sionisme. Pour eux, ça veut dire la même chose[2]. » En Égypte, en 2002, *Les Protocoles des Sages de Sion*, ouvrage que Hitler avait pris comme guide pour l'Holocauste, sont devenus un feuilleton télévisé en trente épisodes. Il a ensuite été vendu à dix-sept autres chaînes islamiques. Dans le monde musulman, de nombreux livres scolaires enseignent *Les Protocoles des Sages de Sion* comme un fait[3]. Diffusé dans la plupart des pays arabes au même titre que *Mein Kampf*, ce bréviaire de l'antisémitisme moderne n'a jamais été interdit à la vente, même après les accords d'Oslo. Mieux, l'ouvrage est toujours un best-seller dans le monde arabe[4].

---

1. « Full text : Bin Laden's "letter to America" », *The Guardian*, 24 novembre 2002.
2. Bassam Tibi, « From Sayyid Qutb to Hamas: the Middle East conflict and the islamization of antisemitism », *Institute for the Study of Global Antisemitism and Policy*, New York, 2010.
3. United States Holocaust Memorial Museum, « Introduction to the Holocaust », Holocaust Encyclopedia sur https://encyclopedia.ushmm.org/content/fr/article/protocols-of-the-elders-of-zion (17 juin 2023).
4. Voir Géraldine Schwarz, « Croissant fertile et croix gammée », *Le Monde*, 18 décembre 2015.

Un dommage collatéral : les juifs

Cet état d'esprit binaire, de division du monde entre victimes et bourreaux, en se présentant comme d'éternels persécutés, permet aux islamistes de s'unir dans la même détestation des juifs, refusant ainsi la moindre responsabilité quant à leur propre sort. Désormais, de nombreux courants fondamentalistes, dans les démocraties, tentent d'aligner leurs slogans sur les discours progressistes, comme le faisait déjà Al-Qaïda dans cette déclaration de principes, en 2002, qui affirme que le mouvement islamiste «doit s'intéresser davantage à la *Da'wa* ["prosélytisme"] et attirer le public et le soutien politique des peuples. [...] Les anciens stratèges, comme Clausewitz et Mao Tsé-toung, ont déjà souligné cela[1].»

«Quiconque refuse de combattre l'antisémitisme n'a aucune chance de battre l'islamisme», prévient Matthias Küntzel. Djihad et haine des juifs vont de pair depuis la naissance des mouvements islamistes. L'antisémitisme qui grandit dans nos pays démocratiques est l'un des meilleurs indicateurs de la radicalisation et du refus du pluralisme. Il doit être un signal d'alerte clair.

---

1. Matthias Küntzel, *op. cit.*

Ce qui est en jeu, c'est la démocratie

Avec ce livre, j'ai tenté de mettre en lumière le terrain miné des liens entre wokisme, ce nouveau courant de pensée militant venu des États-Unis, et les divers mouvements islamistes. En Europe, comme aux États-Unis ou au Canada, une nouvelle génération de promoteurs de l'islam politique a vu le jour. Connaissant mieux les rouages des sociétés d'accueil, les militants islamistes en identifient aussi mieux les failles. C'est donc naturellement que ces entrepreneurs d'un islam rigoriste vont saisir l'intérêt de s'intégrer dans un courant de pensée pour s'en servir. Ce n'est qu'en apparence contradictoire avec leur but. Ainsi, les courants LGBT, par exemple, seront utiles à double titre : d'une part pour rendre plus sympathique l'image de l'islam politique, en associant voile et drapeau arc-en-ciel. De l'autre côté, les développements du transgenrisme seront exploités au maximum dans certaines communautés musulmanes pour insister sur la dépravation des mœurs des pays d'accueil.

Dans les pays anglo-saxons, le multiculturalisme est

loué par les islamistes, comme il est loué par les tenants d'une laïcité dite « ouverte » en France. Faire apparaître le *jilbab*, étendard d'un islam rigoriste, comme un symbole de diversité n'est pas le moindre de leurs succès. Les campagnes de lutte contre « l'islamophobie » feront le reste, tandis que la hausse de l'antisémitisme, dont la spécificité se retrouve niée de fait par le mouvement antiraciste, est plus préoccupante que jamais. Le multiculturalisme, tant vanté par les musulmans traditionalistes et par les contempteurs du sécularisme à la française, n'est donc absolument pas le gage d'un « mieux vivre-ensemble ». Tout au plus permet-il de cacher sous le voile pudique de la diversité la progression d'une version totalement rétrograde de l'islam – ainsi que celle d'autres obscurantismes, évidemment.

Le multiculturalisme ne protège de rien, mais le sécularisme et la laïcité à la française, qui pourraient être protecteurs, ne sont pas en très bon état non plus, sous l'effet des coups de boutoir tant des relativistes que des intégristes. La loi française de 2004 sur l'interdiction du port des signes religieux ostensibles à l'école publique et même la loi de 1905 de séparation des Églises et de l'État, incomprises à l'étranger, sont contestées chaque jour en France par le mouvement antiraciste woke et l'islam politique. Des lois régulièrement critiquées par les promoteurs de la laïcité « ouverte », et qualifiées même par certains d'entre eux de « racistes » et d'« islamophobes ». Il apparaît pourtant que l'éducation devrait être l'un des premiers remparts pour protéger la laïcité et favoriser l'esprit critique hérité des Lumières. Mais ce n'est pas l'avis de tous. Jean Baubérot, par exemple, était un fervent inspirateur et soutien de l'Observatoire de la laïcité, dissous par le gouvernement français en juin 2021 ; il est le chantre de la laïcité « inclusive » ou « ouverte ». Ouverte à tel point qu'il donnait des conférences avec le Comité contre l'islamophobie en France, était auteur de textes sur le site du PIR, le Parti des indigènes de la République, et écrivait un livre avec Rokhaya Diallo, la papesse de l'antiracisme. Jean Baubérot a été le seul membre de la commission Stasi à s'opposer à la loi de 2004 sur l'interdiction du port de signes religieux ostensibles à l'école publique. Il a été aussi fermement opposé à celle de 2010 sur la dissimulation du visage dans l'espace public. Lui et ses soutiens ont promu à maintes reprises l'idée que ces lois étaient « islamophobes ». La laïcité ouverte est donc surtout très accommodante avec les courants islamistes. Et évidemment, toute critique de cette vision est renvoyée, comme il se doit, à l'extrême droite.

L'esprit critique a bien du mal à s'exercer aussi dans les pays anglo-saxons face au wokisme. Le problème, c'est que les contempteurs de ce mouvement se sont pour beaucoup discrédités par des prises de position partisanes, comme le rappelle le chercheur en physique Vincent Debierre, très critique du mouvement woke : « James Lindsay, par exemple, avait rédigé avec Helen Pluckrose (qui de son côté a su depuis garder son sang-froid et sa rigueur) le très érudit ouvrage *Le Triomphe des impostures intellectuelles*[1], explique-t-il, mais il a laissé

---

1. James Lindsay, Helen Pluckrose, *Le Triomphe des impostures intellectuelles*, Paris, H&O Éditions, 2021.

son intérêt pour le "wokisme" se muer en obsession paranoïaque, le poussant à diffuser nombre de théories du complot sur l'élection américaine de 2020.» De même, Bret Weinstein, le professeur menacé à Evergreen, diffuse désormais des thèses complotistes sur le coronavirus. «Lindsay et les autres sont ainsi devenus, en quelques années, proches de la mauvaise caricature qu'en faisaient leurs détracteurs, qui les accusaient depuis le début de promouvoir des paniques morales fabriquées par l'extrême droite», écrit Vincent Debierre[1].

Mais quelques chercheurs et intellectuels progressistes sortent du prêt-à-penser moutonnier et prennent le risque d'être ostracisés sans renoncer à l'exigence intellectuelle. C'est le cas d'Asra Nomani ou d'Ayaan Hirsi Ali, de Michael Walzer ou de Bari Weiss, aux États-Unis, ou encore du linguiste John McWhorter ou de l'économiste Glenn Loury, premier professeur noir du département d'économie à Harvard. Des voix qui portent et qui ne plient pas sous les invectives. Comme celles des intellectuels algériens Boualem Sansal, Kamel Daoud, et d'autres, ayant vécu la décennie noire, qui ne cessent de nous prévenir. En France, le débat sur le wokisme ne fait que commencer, et il est important qu'il ait lieu.

Que ce soit pour travailler sur une critique des théories composant le mouvement woke ou sur la simple connaissance des mouvements islamistes, il faut aujourd'hui de l'abnégation pour faire face au sentiment d'isolement et au déni. Une solitude qui me rappelle celle que nous

---

1. Vincent Debierre, «"Wokisme": la potion frelatée du professeur Rogue», *Contrepoints*, 18 janvier 2022.

Ce qui est en jeu, c'est la démocratie

éprouvions il y a une vingtaine d'années lorsque nous n'étions que quelques journalistes un peu marginaux à travailler sur la thématique du réchauffement climatique dans les grands médias. Aujourd'hui, de nombreux défis nous attendent collectivement, mais aucun ne pourra être affronté sans courage, réflexion, et lucidité. Un courage qui passe en premier lieu par celui de l'expression d'une pensée critique face aux phénomènes dont nous sommes les témoins. La libre expression et le débat sont les bases de la démocratie.

Bibliographie

En français
Allouche-Benayoun, Joëlle, Zawadzki, Paul, Attias-Donfut, Claudine, Jikeli, Günther (dir.), *L'Antisémitisme contemporain en France : rémanences ou émergences ?*, Paris, Hermann, 2022.
Bahloul, Kahina, *Mon islam, ma liberté*, Paris, Albin Michel, 2021.
Balibar, Étienne, Wallerstein, Immanuel, *Race, nation, classe : les identités ambiguës*, Paris, La Découverte, 1988.
Bergeaud-Blackler, Florence, *Le Frérisme et ses réseaux : l'enquête*, Paris, Odile Jacob, 2023.
Bestandji, Naëm, *Le Linceul du féminisme : caresser l'islamisme dans le sens du voile*, Bagnolet, Seramis, 2021.
Bouteldja, Houria, *Les Blancs, les Juifs et nous : vers une politique de l'amour révolutionnaire*, Paris, La Fabrique, 2016.

Bouteldja, Houria, *Beaufs et barbares : le pari du nous*, Paris, La Fabrique, 2023.

Braunstein, Jean-François, *La Religion woke*, Paris, Grasset, 2022.

Butler, Judith, *Vie précaire*, traduit de l'anglais (américain) par Jérôme Rosanvallon et Jérôme Vidal, Paris, Éditions Amsterdam, 2005.

Butler, Judith, *Trouble dans le genre*, traduit de l'anglais (américain) par Cynthia Kraus, Paris, La Découverte, 2006 (1990).

Chesnot, Christian, Malbrunot, Georges, *Qatar Papers : comment l'émirat finance l'islam de France et d'Europe*, Paris, Michel Lafon, 2019.

De Rudder, Chantal, *Un voile sur le monde*, Paris, L'Observatoire, 2021.

DiAngelo, Robin, *Fragilité blanche : ce racisme que les Blancs ne voient pas*, traduit de l'anglais (États-Unis) par Bérengère Viennot, Les Arènes, 2020.

Fassin, Éric, Viveros Vigoya, Mara, « Intersectionnalité », dans *Manuel indocile de sciences sociales : pour des savoirs résistants*, Fondation Copernic (sous la direction de), Paris, La Découverte, 2019.

Fayol, Clément, *Ces Français au service de l'étranger*, Paris, Plon, 2020.

Garcia, Renaud, *Le Désert de la critique : déconstruction et politique*, Paris, L'Échappée, 2021.

Gozlan, Martine, *Le Sexe d'Allah*, Paris, Grasset, 2004.

Kendi, Ibram X., *Comment devenir antiraciste*, traduit de l'anglais (États-Unis) par Thomas Chaumont, Paris, Alisio, 2020.

Bibliographie

Küntzel, Matthias, *Djihad et haine des juifs*, traduit de l'anglais par Cécile Brahy, Paris, Éditions du Toucan, 2015 (2007).
Le Blanc, Guillaume, Bruger, Fabienne, *Judith Butler : trouble dans le sujet, trouble dans les normes*, Paris, PUF, 2009.
Lévi-Strauss, Claude, *Tristes tropiques*, Paris, Plon, 1955.
Mann, Carol, *De la* burqa *afghane à la* hijabista *mondialisée*, Paris, L'Harmattan, 2017.
Mari, Jean-Paul, *Oublier la nuit*, Paris, Buchet-Chastel, 2022.
Meddeb, Abdelwahab, *La Maladie de l'islam*, Paris, Seuil, 2005.
Meddeb, Abdelwahab, *Sortir de la malédiction*, Paris, Seuil, 2008.
Micheron, Hugo, *Le Jihadisme français : quartiers, Syrie, prisons*, Paris, Gallimard, 2020.
N'Diaye, Tidiane, *Le Génocide voilé : enquête historique*, Paris, Gallimard, 2008.
Pluckrose, Helen, Lindsay, James, *Le Triomphe des impostures intellectuelles*, Saint-Martin-de-Londres, H&O éditions, 2021.
Prokhoris, Sabine, *Au bon plaisir des « docteurs graves » : à propos de Judith Butler*, Paris, PUF, 2017.
Rougier, Bernard, *Figures du jihad mondial : matrices du salafisme*, Paris, PUF, 2021.
Rougier, Bernard (dir.), *Les Territoires conquis de l'islamisme*, édition augmentée, Paris, PUF, 2022.
Roy, Olivier, *L'Échec de l'islam politique*, Paris, Seuil, 1992.

Saïd, Edward W., *L'Orientalisme : l'Orient créé par l'Occident*, traduit de l'anglais (États-Unis) par Catherine Malamoud, Paris, Seuil, 1980.

Spivak, Gayatri Chakravorty, *Les subalternes peuvent-elles parler?*, traduit de l'anglais par Jérôme Vidal, Paris, Éditions Amsterdam, 2020 (2006).

Szlamowicz, Jean, *Les Moutons de la pensée : nouveaux conformismes idéologiques*, Paris, Éditions du Cerf, 2022.

Taguieff, Pierre-André, *La Nouvelle Judéophobie*, Paris, Mille et Une Nuits, 2002.

Tavoillot, Pierre-Henri, Hénin, Emmanuelle, Salvador, Xavier-Laurent (dir.), *Après la déconstruction : l'université au défi de nouvelles idéologies*, Paris, Odile Jacob, 2023.

Thomson, David, *Les Revenants : ils étaient partis faire le jihad, ils sont de retour en France*, Paris, Seuil, 2016.

Weiss, Bari, *Que faire face à l'antisémitisme?*, traduit de l'anglais (États-Unis) par Peggy Sastre, préface de Delphine Horvilleur, Paris, Robert Laffont, 2021.

En anglais

Awaisi, Abd al-Fattah Mohammed al-, *The Muslim Brothers and the Palestine Question, 1928-1947*, Londres, Tauris Academic Studies, 1998.

Bernstein, David L., *Woke Antisemitism: How a Progressive Ideology Harms Jews*, préface de Natan Sharansky, New York, Wicked Son, 2022.

Campbell, Bradley, Manning, Jason, *The Rise of Victimhood Culture: Microagressions, Safe Spaces, and the*

Bibliographie

New Culture Wars, New York, Palgrave Macmillan, 2018.

Gensicke, Klaus, *The Mufti of Jerusalem and the Nazis: the Berlin Years*, Portland, Vallentine Mitchell, 2015 (1988).

Hannah-Jones, Nikole, *The 1619 Project: a New Origin Story*, New York, Random House, 2021.

Wright, Lawrence, *The Looming Tower: Al-Qaeda and the Road to 9/11*, New York, Alfred A. Knopf, 2006.

Zhao, Mike, *Critical Race Theory and Woke Culture: America's Dangerous Repeat of China's Cultural Revolution*, Maitland, Liberty Hill Publishing, 2022.

Rapports

En français

El Karoui, Hakim, « La fabrique de l'islamisme », Institut Montaigne, septembre 2018.

Vidino, Lorenzo, « La montée en puissance de l'islamisme woke dans le monde occidental », Fondapol, juin 2022.

En anglais

Ennaji, Hédi, « The rent of victimhood: french narratives of islamist terrorism », Nordic Counter Terrorism Network, Helsinki, 2022.

Perry, Damon L., « CAGE, MEND and IHRC co-launch international campaign against western democracies' war on terror », Policy Exchange, 8 octobre 2021.

Perry, Damon L., Stott, Paul, «The Trojan Horse Affair: a documentary record», Policy Exchange, 2022.

Tibi, Bassam, «From Sayyid Qutb to Hamas: the Middle East conflict and the islamization of antisemitism», Institute for the Study of Global Antisemitism and Policy, New York, 2010.

Vidino, Lorenzo, «The rise of "woke" islamism in the West», Hudson Institute, mai 2022.

Articles universitaires

En français

Bourseiller, Christophe, «Pour une brève histoire de l'islamo-gauchisme», *Revue des deux mondes*, octobre 2018.

Charlot, Bernard, «Droit à la différence, droit à l'universel, droit au sens», *Hommes et migrations*, n°s 1129-1130, février-mars 1990.

Debierre, Vincent, «"Wokisme", la potion frelatée du professeur Rogue», *Contrepoints*, 18 janvier 2022.

Denieul, Séverine, «L'offensive des *Gender Studies* : réflexions sur la question *Queer*», dans «La *French Theory* et ses avatars», *L'Autre Côté*, n° 1, Paris, septembre 2009.

Fassin, Éric, «D'un langage l'autre : l'intersectionnalité comme traduction», *Raisons politiques*, n° 58, 2015.

Galonnier, Juliette, «Discrimination religieuse ou discrimination raciale?», *Hommes et migrations*, n° 1324, 2019.

Bibliographie

Hafez, Farid, «De la judéification à l'islamisation : antisémitisme politique et islamophobie dans la politique autrichienne hier et aujourd'hui», *ReOrient*, n° 2, 2019.

Kepel, Gilles, «Genèse du djihad français», *Figures de la psychanalyse*, vol. 34, n° 2, 2017.

Mannoni, Olivier, «La langue en lambeaux : la pensée totalitaire et la fragmentation du langage», *Cités*, n° 93, 2023.

Moos, Olivier, «The great awokening : réveil militant, justice sociale et religion», *Religioscope*, n° 43, 2020.

Morneau-Guérin, Frédéric, Santarossa, David, Boyer, Christian, *Le Démantèlement du racisme dans l'enseignement des mathématiques et l'effet cobra*, Montréal, Éditions de l'Apprentissage, 2022.

Pingaud, Étienne, «Un militantisme musulman?», *Savoir/Agir*, n° 22, 2012.

Poché, Fred, «La question postcoloniale au risque de la déconstruction : Spivak et la condition des femmes», *Franciscanum*, vol. LXI, n° 171, 2019.

Rousseau, Audrey, «L'institutionnalisation des *fat studies* : l'impensé des "corps gros" comme modes de subjectivation politique et scientifique», *Recherches féministes*, vol. 29, n° 1, 2016.

Zwilling, Anne-Laure, Guedj, Jérémy (dir.), *Réalité(s) du communautarisme religieux*, Paris, CNRS, 2020.

En anglais

Jenkins, John (sir), «Islamism and the Left», Policy Exchange, 2021.

Krylov, Anna I., «The peril of politicizing science», *The Journal of Physical Chemistry Letters*, 2021.

Paresky, Pamela, «Critical race theory and the "hyper-white" jews», *Sapir*, vol. 1, 2021.

Perry, Damon L., «Mainstream islamism in Britain: educating for the "islamic revival"», The Commission for Countering Extremism, septembre 2019.

Sources primaires

Abbasi, Umm Salamah Bint Ali al-, *Les Droits des croyantes*, Paris, Tawbah, 2017.

Baz, Abdul Aziz Ibn, *Conseils pour une vie conjugale agréable*, traduit de l'arabe par le Bureau des traductions, Paris, Dine Al-Haqq, 2020.

Fawzan Sheikh Dr., Salih al-, *Le Rôle de la femme dans l'éducation du foyer*, traduit de l'arabe par le Bureau des traductions, Paris, Dine Al-Haqq, 2020.

Ndugga-Kabuye, Ben, Gilmer, Rachel, Ben-Youssef, Nadia, «Cut military expenditure – policy brief», *A Vision for Black Lives*, août 2016.

Qaradawi, Youssef al-, *Le Licite et l'illicite en islam*, traduit de l'arabe par Salaheddine Kechrid, Paris, al-Qalam, 2004.

Qaradawi, Youssef al-, *Le Sens des priorités*, traduit de l'arabe par Abdelkarim Mikael Bisiaux, Paris, Éditions Bayane, 2009.

The Louis D. Brandeis Center, «Charge statement pertaining to employment discrimination by Stanford University», 21 mai 2021.

Zine, Jasmin, «The canadian islamophobia industry: mapping islamophobia's ecosystem in the Great White North», Berkeley, 2022.

Glossaire

Abaya : vêtement traditionnel dans les pays du golfe Persique, couvrant l'ensemble du corps à l'exception du visage et des mains.

Antiracisme : pensée politique qui désigne l'ensemble des pressions et des actions politiques visant à éliminer le racisme des structures sociales, des institutions, et des interactions entre les individus.

Blanchité : fait d'être perçu comme Blanc et d'exercer de ce fait un rapport de pouvoir conscient ou inconscient.

Burqa : voile intégral d'origine afghane porté par les femmes principalement en Afghanistan, au Pakistan et en Inde.

Burqini : néologisme composé de l'ajout à *burq*, venant de *burqa*, du suffixe «-ini», dérivé du mot *bikini*.

Califat : territoire, et par extension la population musulmane qui y vit, sous l'autorité d'un calife (en arabe, littéralement un «successeur» de Mahomet) qui exerce le pouvoir politique.

Cancel culture : mot anglais désignant la culture de l'effacement, pratique apparue aux États-Unis consistant à dénoncer publiquement, en vue de leur mise à l'écart, des individus, des groupes ou des institutions responsables d'actes, de comportements ou de propos perçus comme inadmissibles.

Charia : loi canonique islamique régissant la vie religieuse, politique, sociale et individuelle, appliquée de manière stricte dans certains États musulmans.

Cisgenre : concerne une personne dont l'identité de genre correspond au sexe qui lui a été assigné à la naissance (par opposition à transgenre).

Décolonialisme : courant de pensée qui postule que des rapports de domination subsistent entre l'Occident et ses anciennes colonies, des décennies après leur indépendance.

Déconstruction : processus d'introspection par lequel un individu remet en question les stéréotypes de genre.

Djihadisme : idéologie politique et religieuse qui prône le recours à la violence pour instaurer un État islamique ou rétablir un califat.

Frères musulmans : confrérie née en 1928 en Égypte, sous l'impulsion de son guide, Hassan al-Banna, souvent présentée comme la « matrice intellectuelle » des mouvements islamistes contemporains.

Genre : concept rattaché à un champ de savoirs pluridisciplinaires : les études de genre. Désigne les processus sociaux par lesquels les identités sexuées et sexuelles sont produites par le social, et non par la nature.

Glossaire

Grossophobie : terme qui désigne une attitude de discrimination envers les personnes obèses ou en surpoids.

Hétéronormé : se dit d'un modèle de société fondé sur l'idée que l'hétérosexualité serait la norme et qu'elle devrait s'imposer à tous.

Indigénisme : à l'origine, mouvement politique et littéraire provenant d'Amérique latine et ayant comme fondement une préoccupation particulière pour la condition des peuples amérindiens. En France, par extension, mouvement militant qui défend les peuples opprimés ou anciennement opprimés, notamment pendant la colonisation.

Intersectionnalité : mot employé en sociologie et dans les milieux militants qui désigne la manière dont les différentes formes d'oppression comme le racisme, le sexisme, l'homophobie, la transphobie, le validisme, et d'autres, s'articulent et se renforcent mutuellement.

Islamisme : courant politique de l'islam faisant de la charia la source unique du droit et du fonctionnement de la société dans l'objectif d'instaurer un État musulman régi par les religieux.

Islamophobie : se définit étymologiquement par la peur ou la crainte de l'islam. Par extension, terme utilisé pour désigner l'hostilité envers l'islam ou envers les musulmans.

Jilbab : longue robe qui englobe tout le corps, souvent noire mais pas exclusivement, pour masquer les formes des femmes qui les portent, ce qui est vu comme « vertueux » par les défenseurs de ce vêtement.

Micro-agression : action ou parole, d'apparence souvent banale, pouvant être perçue comme blessante ou offensante, généralement par une personne faisant partie d'un groupe minoritaire.
Niqab : voile intégral couvrant tout le visage à l'exception des yeux.
Oumma : communauté des musulmans, indépendamment de leur nationalité et des pouvoirs politiques qui les gouvernent. Le terme est synonyme de *ummat islamiyya*, la «nation islamique».
Patriarcat : concept qui désigne une forme d'organisation sociale et juridique fondée sur la détention de l'autorité par les hommes, à l'exclusion explicite des femmes.
Racialisme : doctrine soutenant l'existence de races humaines différenciées. Courant de pensée du XIXe siècle issu de la théorie des races, ce concept était tombé en désuétude avant de réapparaître au début des années 2000.
Racisé : personne assignée à un groupe minoritaire, touchée par le racisme et la discrimination. Se dit de quelqu'un qui est l'objet de perceptions ou de comportements racistes.
Safe space : en français, espace sûr, environnement où les groupes marginalisés seront protégés des opinions adverses.
Salafisme : mouvement religieux dans l'islam sunnite qui pratique une lecture littérale des textes du Coran et de la *Sunna* en vigueur à l'époque du prophète Mahomet et de ses premiers disciples (connus comme

Glossaire

les «pieux ancêtres»). Les salafistes prônent la «rééducation morale» de la communauté musulmane.

Tabligh : mouvement de prédication de masse prosélyte et ultrafondamentaliste né en Inde en 1927.

Validisme : système faisant des personnes valides la norme sociale.

Wokisme : mouvement qui mobilise un certain nombre d'acteurs, non nécessairement coordonnés, utilisant des normes et des propositions discursives et symboliques pour justifier des mobilisations, donnant l'impression d'une structure globale. Interprétation de la société et de ses causalités à partir d'un modèle prédéfini.

Remerciements

Aux équipes des Éditions Plon, pour leur confiance,
À Raphaël et Jean-Thomas, pour leurs remarques judicieuses,
À Sylvie, Nora, Rafael, Florence, Alice, Isabelle, Sandrine, Géraldine, Frédéric, Clément, Catherine, Jeanne, Myriam et Aline, pour leur célérité et leur gentillesse,
À Michel, Amaury, Grégoire, Aurélien, Mélanie, Hélène, Élise, Jessica, Jean, Laurianne, Hazel, Joel, Leah, Salomé, Alexandre, Nathalie, Alexis et Claude, pour leur soutien moral et affectif en toutes circonstances,
À ma famille, pour son amour,
À mes filles, pour leur patience et leur compréhension.

Table des matières

La liberté d'expression d'abord 9

1. Une même volonté de censure 15
   Peut-on encore prononcer le mot « woke » ? 15
   Quand un colloque met le feu aux poudres 20
   Une petite histoire de l'éveil 24
   Non, l'islamisme n'est pas un épouvantail 26

2. L'aubaine antiraciste 33
   Quand une supplique devient un slogan 33
   La victimisation des entrepreneurs
   de l'islam politique 40
   L'essence maoïste du wokisme 51
   Reconnaître les erreurs du passé et s'en repentir 58

3. Un nouveau progressisme... identitaire 63
   Déconstruire les rapports de domination 63
   De l'antiracisme US au décolonialisme européen 66
   L'émiettement des identités 69

Comment le mouvement décolonial flirte avec l'islamisme 73
Une nouvelle génération d'islamistes qui maîtrise les codes wokes 79
Fascinant Hezbollah 85

4. Chantage à l'islamophobie 89
«Charbophobie» dans les universités françaises 89
Extension du domaine du blasphème 93
L'«islamophobie»? Ce sont encore les islamistes qui en parlent le mieux 100
À l'assaut des institutions pour établir le délit d'islamophobie 109

5. Le féminisme islamiste... 115
La diversité est dans le voile 115
Un néoféminisme bien loin du féminisme................. 123
La mode islamiste... 129

6. La liquidation des Lumières 133
L'universalisme jeté aux orties.................................... 133
La science sur la sellette 138
«L'universalisme» islamiste... 149

7. Islamisme : la connaissance menacée ?................. 161
Un lanceur d'alerte ridiculisé 161
Étudier le monde islamique 165
Connaissance ou militantisme ?................................. 174
Un engagement inconditionnel, et pour cause......... 182
L'affaire du vrai-faux podcast du *New York Times* 189

Table des matières

8. Le sexe des anges 199
   Quel genre de théorie est la théorie du genre ? 199
   Malaise dans la sexuation 206
   L'alliance rhétorique avec les islamistes 212
   Bataille entre l'alcôve et la mosquée 216

9. Un dommage collatéral : les juifs 221
   Le «privilège juif» 221
   «L'Holocauste ? Un crime de Blancs
   sur des Blancs» 228
   L'antisémitisme clientéliste 232
   «Il n'y a pas de dialogue entre nous et les juifs, hormis
   par le sabre et le fusil» 236

Ce qui est en jeu, c'est la démocratie 243

Bibliographie 249

Glossaire 257

Remerciements 263

Pour en savoir plus
sur les Éditions Plon
(catalogue, auteurs, vidéos, actualités…),
vous pouvez consulter
www.plon.fr
www.lisez.com

et nous suivre sur les réseaux sociaux

📘 Éditions Plon

🐦 @ÉditionsPlon

📷 @editionsplon

Pour plus d'information :

www.lisez.com

Imprimé sur du papier issu de forêts gérées durablement.

CET OUVRAGE
A ÉTÉ ACHEVÉ D'IMPRIMER
SUR ROTO-PAGE
PAR L'IMPRIMERIE FLOCH
À MAYENNE EN SEPTEMBRE 2023

N° d'impression : 103191
Imprimé en France